Susanne Sterzenbach

Die Weißen Väter

Mission in der Wüste

Sankt Ulrich Verlag

Bibliographische Information der Deutschen Bibliothek

Die Deutsche Bibliothek verzeichnet diese Publikation in der
Deutschen Nationalbibliographie; detaillierte bibliographische Daten
sind im Internet über http://dnb.ddb.de abrufbar.

© 2009 by Sankt Ulrich Verlag GmbH, Augsburg
Alle Rechte vorbehalten
Umschlaggestaltung: uv media werbeagentur
Mediengruppe Sankt Ulrich Verlag, Augsburg
Druck und Bindung: Ludwig Auer GmbH, Donauwörth
Printed in Germany
ISBN: 978-3-86744-106-3
www.sankt-ulrich-verlag.de

Inhalt

Vorwort	7
„Algerien ist eine offene Tür"	11
Begegnungen	19
Die Weißen Väter	23
Reise	25
Reiten für einen Teppich – Pater Giacobetti	33
Der Kaiman wird 80 – Pater Le Clerc	36
Bitte keinen Camembert – Pater Dieudonné Maklala	41
Das Kind in der Festung – Pater Miguel Larburu	44
Er macht die Blinden sehen – Pater Felix	49
Weiße Väter und Schwestern in den „Schwarzen Jahren"	52
„Und Jesus schlief auf dem Rücksitz"	56
Ein dampfendes Kuskus	57
Ghardaia und das Tal des M'zab	59
Ghardaia	65
Das jüdische Tabu	66

Schokolade oder die Freiheit der Wahl – Pater John MacWilliam	72
Der Kupfer-Künstler – Pater Claude Rault	75
Der Bankier des Bischofs – Pater Roman Stäger	77
Die religiöse Qualität der Wüste	81
Zu Wasser – zu Lande – in der Luft	82
Aus dem Leben eines Nomadenmissionars	85
Die erste Fotoreise durch die Sahara	94
Der kleine Bruder Jesu	117
Gambas oder Zitronensaft – Schwester Teresa und Marcella	124
Die Weißen Schwestern	128
Die Bau-Brüder – Kirchen in der Sahara	133
Brüder der Wüste – Christen für Muslime	144

Vorwort

Im Namen Gottes, des Erbarmers,
des Barmherzigen –

mit diesen Worten beginnt der gläubige Moslem seine Rede. Der Staatspräsident leitet so seine Ausführungen über die Weltpolitik ein oder seine Erklärungen zur Erhöhung des Brotpreises.

Fünfmal am Tag rufen die Muezzine zum Gebet. Auch wer nicht in die Moschee geht, hält kurz inne, horcht auf. Religion ist fester Bestandteil des Alltags im Maghreb. Sie gibt den Rhythmus vor, den Gläubigen, den Laien und den Atheisten. Ganz automatisch beginnt man sich als zugereister Christ zu fragen, wo man selber steht. Wie Christen sich in der islamischen Welt definieren.

Von 2001 bis 2004 habe ich als Korrespondentin für das Erste Deutsche Fernsehen (ARD) aus dem Maghreb berichtet. Vom ersten Augenblick an liebte ich den vielstimmigen Weckruf der Muezzine von Algier. Er holte mich aus dem Dunkel der Nacht und wiegte mich wieder in einen wohligen Halbschlaf, verkündete mir die letzte Frist zum Träumen vor den Forderungen des Tages. Es sind die Minuten gegen fünf Uhr Morgens, kurz vor Sonnenaufgang, wenn die Tore des Himmel ganz weit offenstehen. Das sagen nicht nur die Muslime. In vielen Religionen gilt diese Stunde als die Stunde der Meditation, der besonderen Nähe zum Göttlichen.

Sehr schnell fand ich Kontakt zu Monsignore Henri Teissier, dem Erzbischof von Algier, einem Mann, den Muslime und Christen wegen seiner tiefen Menschlichkeit und seines großen Wissens verehren.

2001 war das Jahr, in dem Algerien sich zum ersten Mal seit der Unabhängigkeit des Landes im Jahre 1962 offiziell mit einem berühmten Christen des Landes beschäftigte: dem heiligen Augustinus, geboren in Souk Ahras, in Ost-Algerien an der Grenze zu Tunesien gelegen. Ich machte einen Film über die Augustiner, die noch heute in der Hafenstadt Annaba eine Kathedrale betreuen und ein Altenheim für Muslime führen. Danach wollte ich wissen, wie andere christliche Gemeinschaften im Maghreb arbeiten. Vor allem, was sie in der Wüste zu suchen haben. Die Sahara macht zwei Drittel des algerischen Staatsgebietes aus. Dort liegen heute die meisten Niederlassungen der Weißen Väter und Schwestern. Ich lernte Pater Roman Stäger kennen, einen Weißen Vater Schweizer Nationalität, seit 40 Jahren in Algerien tätig. Zusammen mit meinem Mann begleitete ich Pater Roman durch die Wüste und erlebte ihn im Kreise seiner Gemeinschaft in Ghardaia. Daraus entstand ein Film für die ARD und eine herzliche Freundschaft mit den Brüdern von Ghardaia.

Sie öffneten uns ihre Schatzkammer, eine Fotothek mit vielen tausend Bildern, darunter auch die ersten zivilen Fotografien der Sahara, aufgenommen vor und um 1900 von den ersten Weißen Vätern im Lande. Diese einzigartigen historischen Aufnahmen wurden zur Grundlage für dieses Buch.

Ich danke den Weißen Vätern von Ghardaia Miguel, Felix, John, Dieudonné und ihrem Bischof Claude, daß wir die Karwoche 2005 bei ihnen verbringen durften, um das Material zu sichten und zu bearbeiten. Ich danke Myriam, die auch noch für uns kochte, und Mounira, die unsere benutzten Bücher wieder einräumte. Ich danke Sheikh Salah für all die Türen, die er uns in der strengen mozabitisch-islamischen Gesellschaft geöffnet hat, und besonders danke ich seiner Frau für die wunderbaren Gastmahle. Ich danke Monsignore Teissier, Erzbischof von Algier bis 2008, für seine freundschaftliche Unterstützung. Ich danke meiner Freundin Anne Goldammer für die kreative und gewissenhafte Mitarbeit an diesem Projekt, und ich danke meinem Mann Peter Vogel, der über 1000 Fotos bearbeitet, korrigiert und katalogisiert hat.

Susanne Sterzenbach

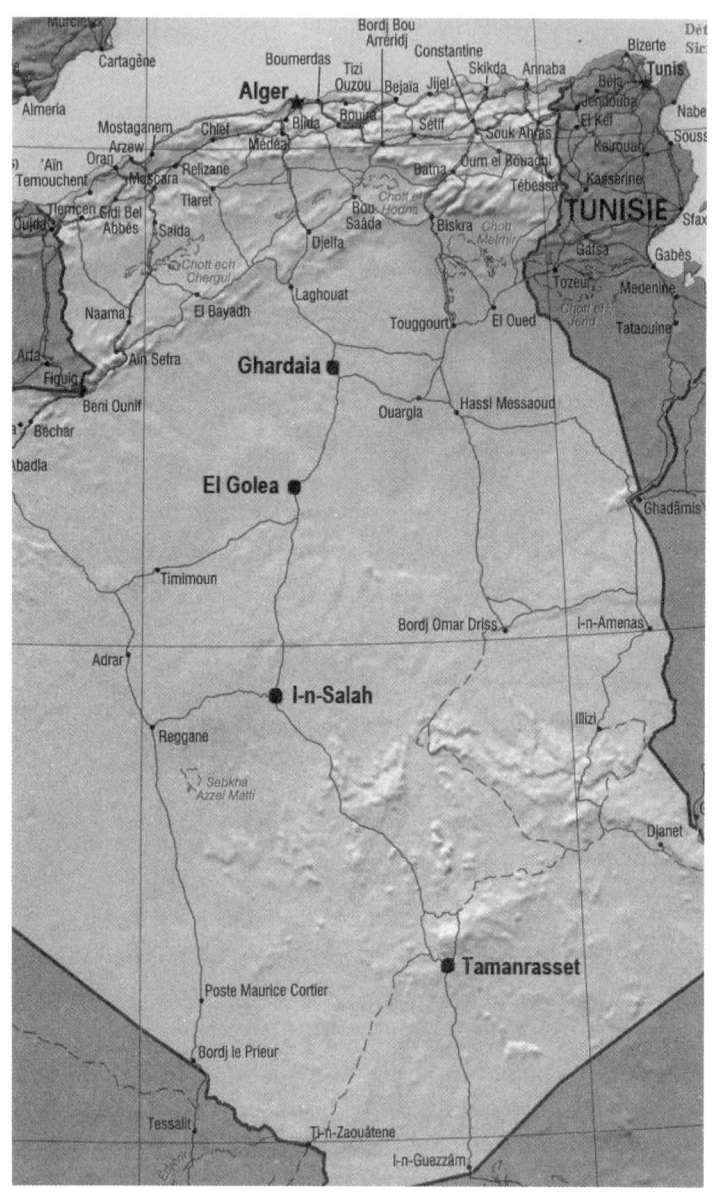

Algerien

Susanne Sterzenbach

Die Weißen Väter

Mission in der Wüste

„Algerien ist eine offene Tür"

Im Mai 1867 wird Charles Lavigerie ...

... zum Erzbischof von Algier ernannt. Er ist der dritte auf diesem Posten seit der Besetzung des Landes durch die Franzosen im Jahre 1830. In erster Linie ist er für die christlichen Soldaten und Zivilisten der Kolonialmacht zuständig. Aber Lavigerie hat große Pläne. Er versteht sich als Verkünder der Frohen Botschaft im islamischen Afrika unter französischer Flagge. Erzbischof Lavigerie ist einerseits Missionar im klassischen Sinne und will den unterentwickelten Völkern das Licht der abendländischen Zivilisation und des Christentums bringen. Andererseits verlangt er aber eine moderne Art der Mission, die nicht mit Predigten und Verkündigungen daherkommt, sondern sich auf Wohltätigkeit und soziale Arbeit konzentriert und auf diese Weise ausdrückt, wie Christentum gelebt werden kann. Es ist die einzig mögliche Art, in einer muslimischen Umgebung Werbung für das Christentum zu machen, denn direkte Missionierung oder Bekehrung – Proselytismus – verbietet der Islam. Lavigerie wendet sich entschieden gegen die Ausbeutung der einheimischen Bevölkerung durch Frankreich und startet eine große Kampagne in Europa gegen die Sklaverei.

1868 gründet Lavigerie mit einer Gruppe junger Franzosen die Gesellschaft der Afrikamissionare. 1869 entsteht eine Frauengemeinschaft mit gleichen Zielen unter dem Namen *Soeurs Missionnaires de Notre Dame d'Afrique*.

Kasbah von Algier Anfang/Mitte des 20. Jahrhunderts

Über dem Altar der Basilika *Notre Dame d'Afrique* in Algier steht geschrieben: „Maria bitte für uns und für die Muslime". Die Basilika wird häufig von Muslimen besucht, die ihre Atmosphäre schätzen. Auch im Islam wird Maria – Meriem – als Mutter des Propheten Aissa (Jesus) verehrt. Die Basilika thront auf dem schönsten Platz der Stadt, hoch über dem Mittelmeer. 1872 war sie von Monsignore Lavigerie, dem Gründer der Weißen Väter, eingeweiht worden. Der Ursprung der Marienverehrung an diesem Ort war eine Statue, die ursprünglich im Wurzelstock eines alten Olivenbaumes in einer benachbarten Schlucht stand. Zwei fromme Jungfern aus Lyon, Marguerite Berger und Anna Cinquin, hatten die Wallfahrt zur Mutter Gottes von Afrika begründet.

1869 werden die ersten sieben Novizen der Afrikamissonare eingekleidet. Sie tragen arabische Kleidung, weil sie wie Einheimische unter Einheimischen leben wollen: Gandura und Burnus in Weiß, dazu einen Rosenkranz. Wegen des Habits nennt jedermann sie „Weiße Väter".

Basilika Notre Dame d'Afrique in Algier

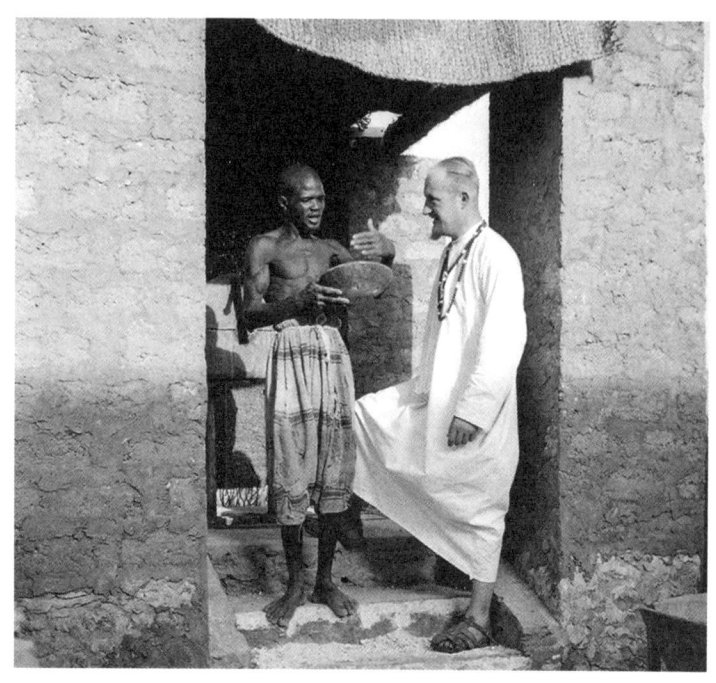

Weiße Väter bei Nomaden

Weiße Väter

In der Sahara

Als sie Jahrzehnte später begannen, nur noch Zivilkleidung zu tragen, um sich der Bevölkerung noch mehr anzunähern, wurde die Bezeichnung „Weiße Väter" fälschlicherweise häufig mit der Hautfarbe gleichgesetzt. Sehr zum Ärger der vielen schwarzhäutigen Weißen Väter, die es im 21. Jahrhundert gibt.

1873 werden die ersten drei Niederlassungen der Weißen Väter in der Kabylei gegründet. Sie engagieren sich im Gesundheitsdienst, im Schulwesen, in der Entwicklung der ländlichen Gebiete, in der Landwirtschaft.

Die ersten Stationen im Süden, am Rande der Sahara, sind Metlili, Ouargla, El Bayadh (ehem. Géryville) Bou Saada. Aber der Erzbischof möchte wie die Forscher und Entdecker in das Herz des Kontinents vorstoßen und schickt eine Karawane mit drei seiner Missionare durch die Sahara Richtung Westafrika. Die Väter Paulmier, Menoret und Bouchand werden im Januar 1876 von Tuareg ermordet.

R. P. L. RICHARD
R. P. G. MORAT
R. P. A. POUPLARD

P. Morat. — P. Richard. — P. Pouplard.
Tous trois massacrés au Sahara en 1881.

CHAPITRE VI

LA MISSION

SINE SANGUINIS EFFUSIONE

L'histoire des missions sahariennes s'ouvre par six noms glorieux et sanglants sur la page d'un martyrologe. C'est en 1872 et 1873 que furent occupés les premiers postes au prix de mille dangers, mais on ne pouvait encore pénétrer bien loin dans le Sud.

Die drei 1881 ermordeten Afrikamissionare

Fünf Jahre später brechen die Väter Richard, Morat und Pouplard erneut zu einer Expedition auf. Pater Richard reitet auf dem Kamel wie ein Tuareg und spricht fließend Arabisch. Er ist ein echter Wüstenfuchs, und trotzdem werden er und seine Begleiter von Aissa, einem der Führer, verraten. Die drei Weißen Väter werden ermordet. Aissa, der Verräter, kommt nicht mehr zur Ruhe. Er wird seines Stammes verwiesen. Eine weise Frau sagt ihm voraus, daß er selbst durch Verrat sterben werde. Und so geschieht es. Der Mann, der ihm Asyl gewährt, tötet ihn. Die Weißen Väter nahmen diese Geschichte als Hinweis dafür, daß ihr Ansehen und ihr Einfluß gewachsen waren.

Erzbischof Lavigerie wird trotz aller Schwierigkeiten noch erleben, daß seine Weißen Väter Niederlassungen in Zentralafrika gründen. Er stirbt 1892. Seine Gesellschaft der Afrikamissionare entwickelt sich vor allem auf dem afrikanischen Kontinent bis heute weiter. Sie ist an der Elfenbeinküste vertreten, im Sudan, in Mali, im Niger, in Uganda, im Kongo, in Nigeria, in Burkina Faso, in Ghana. Ganz im Sinne des Gründers übernehmen immer mehr Afrikaner Leitungsfunktionen in der Kirche und bei den Weißen Vätern.

Von 290 Kandidaten, die im Jahre 2001 aufgenommen werden wollten, waren 15 aus Europa, 148 aus Afrika.

In Lateinamerika, Indien, Kanada und Europa unterhält die Gesellschaft ebenfalls Niederlassungen – zur Anwerbung von Nachwuchs. Früher war man damit in Spanien, Italien, Portugal und Frankreich besonders erfolgreich, heute in Polen. Im Jahr 2008 hatte die Missionsgesellschaft 1594 Patres und Brüder, 18 davon in

Weiße Väter in der Wüste

Algerien. In Europa haben die Weißen Väter eine neue Herausforderung angenommen. Sie kümmern sich um Migranten aus Afrika.

Der Hauptsitz der Missionsgesellschaft in Deutschland ist in Köln. Die Geschichte der Weißen Väter aus Deutschland erlitt unter den Nazis einen bösen Rückschlag. Die Arbeit mit „nichtarischen" Rassen wurde abgelehnt und die Ausreise von Missionaren 1937 verboten.

Die Weißen Väter und Schwestern sind beliebt und werden geliebt von Christen und Muslimen. Sie sind weit gekommen in Afrika, durch Mut, durch Glauben, durch Hoffnung, durch Liebe. Die Kraft zu dieser Liebe spürt man auch heute noch besonders da, wo ihre Anfänge waren: in Algerien. In der Sahara. In der Wüste.

Begegnungen

Der Koran erzählt uns von Menschen,

... die in der Bibel vorkommen. In der zweiten Sure, Vers 130 heißt es: *„Sprecht: Wir glauben an Allah und was er zu uns niedersandte, und was er niedersandte zu Abraham und Ismael und Isaak und Jakob und den Stämmen, und was gegeben ward Moses und Jesus, und was gegeben ward den Propheten von ihrem Herrn. Keinen Unterschied machen wir zwischen einem von ihnen; und wahrlich, wir sind Muslime."*

Als Kamelreiter

Schaukel zwischen Dattelpalmen zum Fastenbrechen-Fest am Ende des Ramadan. Doppelfoto mit Stereo-Kamera

Abraham gilt als Erbauer der *Ka'ba,* des schwarzen Heiligtums in Mekka, und als Vertreter einer Urreligion Islam, der von Mohamed erneuert wurde.

Jesus ist für Muslime der Prophet Aissa.

Von Jesu Mutter Maria heißt es in Sure 3, Vers 37: „Und da die Engel sprachen: *„O Maria, siehe, Allah hat dich auserwählt vor den Weibern aller Welt."* Vieles wird im Koran erzählt, wie es sich auch im Alten Testament zuträgt.

Genau wie in den christlichen Legenden sind darüber hinaus auch im Islam Geschichten entstanden, die das heilige Wort ausschmücken. So wie die Geschichte von Adam und Eva, wie sie die Mozabiten erzählen:

... Eva hatte mehr von der Frucht gegessen als unser Vater Adam ... Gott vergibt dem Mann immer mehr als der Frau, weil er keine Hinterlist kennt. Gott vergab Adam am dritten Tag. Unsere Mutter Eva weinte

Durch unsern Vater Adam ist die Palme unser aller Mutter
(Volksweisheit)

ein ganzes Jahr und tat Buße, bevor Gott ihr vergab. Eva bekam vier Kinder, jedes Mal Zwillinge: Das erste Mal einen schwarzen Jungen und ein weißes Mädchen. Das zweite Mal ein Mädchen – es war nicht weiß und nicht schwarz und sehr schön – und einen Jungen, der dem Mädchen glich. Das dritte Mal bekam sie ein gelbes Mädchen und einen gelben Jungen, das vierte Mal einen weißen Jungen und ein schwarzes Mädchen. Die, die sich glichen, haben sich geheiratet. Der schwarze Junge sagte zu dem, der nicht weiß noch schwarz war: Warum ist deine Frau schöner als meine? Er tötete seinen Bruder und entführte die Frau. Seit der Erschaffung der Welt existiert der Krieg, und der Schuldige an der Sünde des Krieges ist der, der anfängt. Gott sprach zu ihnen: Vermeidet die Ehe unter Brüdern und Schwestern.
(Faits et dires du M'zab, Centre de Documentation du Sahara, Weiße Väter, Ghardaia)

Die Weißen Väter

Die Haupttätigkeit der Weißen Väter in der Sahara war und ist das Lehren. Gleichzeitig sind sie zu allen Zeiten besessen vom Lernen. Sie sprechen Hocharabisch und maghrebinisches Arabisch, sie kennen den Koran so gut wie die Bibel, sie sammeln Fossilien, erforschen Klima, Steine, Sand, Flora und Fauna der Wüste, sie notieren Volksglauben, Sprichwörter, Geisterbeschwörungen und Zaubersprüche, Alltags- und Feiertagsbräuche.

„Ich folge der Religion der Liebe. Welchen Weg auch immer die Kamele der Liebe nehmen, das ist mein Bekenntnis, das ist mein Glaube"
(Ibn Arabi, 1165–1240, arabischer Chronist der Kreuzzüge)

Oktober 1901, El Oued

Touggourt

Reise

Wenn jemand in die weite Welt aufbricht,

... nimmt seine Großmutter einen Wassertopf, tut Fenchel, Henna und weißen Gips hinein, bedeckt das Ganze mit dem Burnus des Reisenden und reibt seinen Turban ein wenig damit ein. Wenn er geht, leert sie ihm den Inhalt des Topfes zwischen die Beine und sagt: Fülle deine Börse und kehre zurück.
(Faits et dires du M'zab, Centre de Documentation du Sahara, Weiße Väter, Ghardaia)

Ghardaia 1899

Fest auf dem Marktplatz in Ghardaia, 1899

Die Weißen Väter schreiben Wörterbücher zur Sprache der Tuareg, halten ihre Geschichte fest, ihre Gedichte, ihr Wissen über Ackerbau und Viehzucht in der Wüste. Weiße Väter schreiben auf, wie die Kamelzucht funktioniert und wie man Palmen behandelt. Sie tragen das Wissen über die Kultur der Wüste zusammen und sammeln es im „Dokumentationszentrum der Sahara" in Ghardaia, das heute 6.000 Bücher und rund 10.000 Fotos seit 1899 umfaßt.

Die Aufnahmen von den tanzenden Frauen in Ghardaia gehören zu den ältesten Fotos der Fotothek und der Sahara überhaupt. Aufgenommen auf Glasplatten mit einer Stereo-Kamera. Es entsteht ein Doppelfoto. Durch einen speziellen Ansichtsapparat betrachtet, erzeugen die beiden Bilder im Auge des Betrachters ein dreidimensionales Bild.

Daß Fotografen, anders als Maler, von der bildscheuen muslimischen Bevölkerung akzeptiert wurden, hat einen ganz einfachen Grund: Der Fotograf selbst verschwand damals noch unter einem schwarzen Tuch, war sozusagen verschleiert. Der möglicherweise schamlose Blick dieses Mannes wurde nicht direkt empfunden. Auch Maler arbeiteten in dieser Zeit meistens nach Fotogra-

Frauenporträts

Frau aus der Stadt ...

... und vom Land

fien, weil ihnen keine Porträtsitzungen erlaubt wurden. Als das Tuch später entfiel, hatten die meisten sich an Fotos gewöhnt. Trotzdem gilt grundsätzlich auch heute ein Fotografierverbot. Viele Muslime, vor allem Frauen, nehmen es sehr übel, wenn sie ohne ihr Einverständnis fotografiert werden. In Beni Isguen, der strengsten Gemeinde im M'zab-Tal, ist Fotografieren noch heute im gesamten Ort verboten.

Die Weißen Väter fotografieren selbst oder sammeln Fotografien. So entstand eine einmalige Galerie von Menschen, von ihrem Alltag, ihrer Lebensart.

Pater Jean nahm es besonders genau. Sorgsam archivierte er die Negativ-Platten in zerschnittenen Tüten. Das Exemplar vom Fotostudio Khelil in Algier auf der nächsten Seite ist ein kurioses Zeitdokument des westlichen Lebensstils in der Hauptstadt unter französischer Herrschaft. Heute wäre ein solches Werbemotiv mit Rücksicht auf die religiösen Empfindlichkeiten der islamisierten Gesellschaft unvorstellbar.

Sammeln, Forschen, Schreiben, Fotografieren – damit geben die Weißen Väter der Sahara ihre Kultur zurück, die oft nur mündlich überliefert ist. „Mit jedem alten Mann stirbt eine Bibliothek", heißt es in Afrika. Deswegen schätzen die frommen, gelehrten Mozabiten in Ghardaia das Dokumentationszentrum genauso wie Schüler und Studenten.

Reiten für einen Teppich – Pater Giacobetti

Reiten, reiten, reiten –

Wochen, Monate und Jahre durchstreift Pater Giacobetti auf seiner Stute das Gebirge des Djebel Amour, zwischen Al Bayadh (früher Géryville) und Laghouat gelegen. Giacobetti sammelt Teppiche, alles was man über die Teppiche des Djebel wissen kann. Er zeichnet die Muster auf und ihre Namen. Er beschreibt die Belegung der Karden und die Funktionsweise der Web-

stühle. Er trifft sich mit den Männern, die den *reggam*, die Muster zeichnen, nach denen die Frauen weben.

1927 wird der Pater sein umfangreiches Buch über die Webereien des Djebel Amour veröffentlichen. Aber noch fehlen ihm ein paar Informationen. Wieder reitet er los. Er ist ein guter Reiter, jeder weiß das. In den Dörfern, auf den Souks kennen sie den „weißen Marabout" auf seinem Pferd.

„Marabout" nennen Muslime einen frommen, heiligen Mann. „Marabout" heißen auch die weißen Grabstätten dieser Männer mit den weithin sichtbaren Kuppeln.

Nicht zum ersten Mal gerät Pater Giacobetti in ein schweres Gewitter. Aber diesmal stürzt seine Stute und verletzt sich schwer, er muß sie sterbend zurück-

Marabout

lassen. Gerade mal hundert Kilometer ist er geritten, zwanzig Kilometer läuft er bis zum nächsten größeren Ort. Er berichtet: „Der Rückweg dauerte viel länger. Ich mußte die Wagen nehmen, die zwischen Aflou und Tiaret (180 km) verkehren, dann andere, um nach Saida zu kommen, wo ich den Zug nehmen konnte, um nach einer Reise von 500 Kilometern endlich wieder in Géryville anzukommen."

Der Kaiman wird 80 –
Pater Le Clerc

René Le Clerc ist eine …

… wandelnde Enzyklopädie der Sahara, Mineraloge, Geologe, Zoologe, Dünenforscher. Er ist steinbesessen und fossilversessen, er sammelt, analysiert, katalogisiert, experimentiert.

Auch der Mann selbst ist Urgestein, ein Fossil der Weißen Väter, wie er sagt. Und da er auch ein großer Schalk vor dem Herrn ist, hat er allen Mitbrüdern Spitznamen verpaßt. Er selbst sei der Kaiman, zum Andenken an das letzte Krokodil der Sahara, das 1999 gesehen wurde. Seinen Bischof nennt er „Seeigel". Die anderen wollte er uns leider nicht verraten.

Pater Le Clerc kam 1957 aus Nantes in der Bretagne nach El Goléa in der Sahara.

1958 fand er den ersten Stein in der Wüste, der ihn interessierte; er war groß wie eine Faust. Der Pater lernte, Steine zu schneiden und zu schleifen, um ihr Innenleben sichtbar zu machen. Die Formen, die Wind und Sand aus den sieben Millionen Jahre alten Vulkan-Steinen der Sahara schneiden, faszinieren ihn bis heute.

René Le Clerc sammelte Faustkeile und Pfeilspitzen, datierte und ordnete, etikettierte und beschriftete. Aus seiner Sammlung wurde ein kleines naturwissenschaftliches Museum in El Goléa.

Mit der Diane unterwegs

„*Le vent frappe, sculpte, cisèle, caresse –*
Der Wind schlägt, schnitzt, formt, streichelt."

Pater Le Clerc hat das Museum eigenhändig ausgebaut. Jede Vitrine, jede Schautafel ist sein Werk. Wer das Museum betritt, spürt sofort eine besondere lichte, heitere Atmosphäre. Jedes Detail ist mit Liebe gemacht.

Heute muß der Pater nicht mehr selbst mit seiner Ente in die Wüste hinausfahren, um neue Sammlerstücke zu suchen. Die Leute bringen sie ihm. Zum 80. Geburtstag im Jahr 2005 wünschte sich Pater Le Clerc mehr Studenten, die sich für die Ur- und Frühgeschichte der Sahara interessieren. Ein Wunsch ist ihm bereits erfüllt worden: Der algerische Staat wird das Museum übernehmen. Das Erbe des Kaiman ist gesichert.

Was ist eine Wüste ?

Die Wüste ist eine Region, wo im Durchschnitt weniger als 250 mm Regen im Jahr fallen.

Was ist Sand?

Sand besteht aus unorganisierten mineralischen Stoffen in feinkörnigem Zustand, üblicherweise zusammengesetzt aus Quartz, einem kleinen Anteil Mika (Glimmer), aus Feldspath, aus Magnetit und anderen harten Mineralien. Sie sind das Resultat der Erosion von Felsen durch chemische und mechanische Prozesse. Wenn die Sandkörner sich bilden, sind sie gemeinhin eckig und sehr spitz. Später schleifen sie sich durch Wind und Wasser ab, werden immer runder und kleiner.

Was ist eine Düne?

Eine Düne ist ein Sandhügel, der vom Wind angehäuft wird.
    Aufgrund der Bewegungen der Sandkörner – hervorgerufen durch den Wind – wächst die Düne in die Höhe, während sie gleichzeitig wandert. Eine Düne kann maximal 30 Meter im Jahr wandern.
    Von oben gesehen, bilden Dünen die Form eines Halbmondes oder einen langgezogenen Kamm. Im Querschnitt sind sie alle asymmetrisch. Die dem Wind ausgesetzte Seite ist immer länger und flacher als die entgegengesetzte Seite. Sie werden nicht höher als 35-40 Meter.
    Halbmonddünen nennt man *Barkhane*. *Nebkhas* sind kleine Sandberge, die durch kleine Widerstände entstehen – Gras oder Steine, – an denen der Sand sich

*Kleiner Wüstenfuchs Fennec,
fotografiert in Gefangenschaft, 1901*

anhäuft. Daraus kann ein Solitär werden, eine langgestreckte Düne in Windrichtung. Solche Einzeldünen können sich über Hundert Kilometer aneinanderreihen, parallel zur Haupt-Windrichtung, und eine Höhe von 150–200 Meter erreichen. Zusammen ergeben sie den *Erg*.

Bitte keinen Camembert – Pater Dieudonné Maklala

Pater Dieudonné ist,

... was man auf bayerisch eine „Lachwurzn" nennt. Er kann über alles lachen, vor allem über sich selbst. Nur bei einer Angewohnheit seiner französischen und spanischen Mitbrüder in Ghardaia hört für ihn der Spaß auf: Sie lieben reifen, gar überreifen Camembert. Jedes Mal wieder erzählt ihnen Pater Dieudonné, was für wunderbare Gerichte es in seiner Heimat Kongo CD, früher Zaire, gibt. Dort sei kein Mensch gezwungen, alten Käse zu essen. Und dann lachen sie wieder, Dieudonné natürlich zuerst.

Geboren wurde er 1975 in Kinshasa. Viele in der jüngeren Generation der Weißen Väter und Schwestern kommen aus Schwarzafrika, wo sie die Arbeit der Missionsgesellschaft direkt vor Ort kennengelernt haben.

Seine Hautfarbe macht Pater Dieudonné gelegentlich zu schaffen, denn einen schwarzen „Weißen Vater" können sich manche nicht vorstellen. Der Volksmund nannte die hellhäutigen, weißgekleideten Priester die „weißen Marabouts – weiße heilige Männer". Die Weißen Väter selbst unterschieden sich durch diese Bezeichnung von den „schwarzen Vätern", den schwarzgekleideten Priestern, die sich um die Angehörigen der französischen Kolonie kümmerten. Weiße Väter kümmern sich um Muslime. Deswegen möchte Pater

Dieudonné gerne wieder die weiße Kutte tragen, wie zu den Anfangszeiten der Weißen Väter. „Als Dienstkleidung, das erleichtert die Identifikation", sagt er. Heute tragen die Weißen Väter und Schwestern „Zivil". Niemand soll denken, sie seien etwas Besonderes oder etwas Besseres als ihre islamische Umwelt.

Pater Dieudonné hat Religion als aktiven, militanten Widerstand erlebt gegen den Diktator Mobutu. Schon Vater Maklala, ein Lehrer, war in der Katholischen Aktion im Kongo. Der Sohn will für die Menschenrechte kämpfen, für ein besseres Leben auf Erden, und „Jesus eine neue Persönlichkeit geben".

Mit 14 Jahren hat Dieudonné ein religiöses Erweckungserlebnis, ihn fasziniert die Macht, die nur ein Priester hat, zum Beispiel die Eucharistie zu feiern.

Vorbelastet ist er: Zwei seiner Onkel sind Bischöfe. Und einer davon hat einen Weißen Vater als Sekretär.

Pater Dieudonné hat seine Aufgabe im Krankenhaus und im Waisenheim von Ghardaia gefunden: Er spielt mit den Kindern – und er lacht mit ihnen. „Sie brauchen jemanden, der sie mal in den Arm nimmt", sagt er. Und er geht in die Verstecke der illegalen Immigranten, der „Heimlichen", wie sie auf französisch heißen. Zu denen, die zu Hunderten und Tausenden auf dem Weg nach Nordalgerien und Marokko sind, um von dort nach Europa zu gelangen. Viele machen in Ghardaia Zwischenstation. Pater Dieudonné hört ihnen zu, tröstet, betet mit ihnen, kümmert sich um die Kranken. Niemand weiß besser als er, wovor diese Menschen geflohen sind. Genau wie er selbst kommen sie aus schwarzafrikanischen Ländern voller Gewalt, Willkür, Armut und

Hoffnungslosigkeit. In so ein Land wird der schwarze Weiße Vater Dieudonné Maklala selbst bald weiterwandern – an die Elfenbeinküste, nach Abijan.

"Behandle die Fremden wie Deinesgleichen. Kein Mensch geht ohne Grund in die Fremde, und im Herzen jedes Fremden ruht immer ein Geheimnis."
(Ibrahim al Koni „Goldstaub")

Das Kind in der Festung – Pater Miguel Larburu

„Ich war ganz schön frühreif",

... erzählt Pater Miguel, „als ich mit zwölf Jahren in die Schule des Priesterseminars kam. Ich hatte Mädchen im Kopf, trieb mich mit den Jungs herum."

Heute ist Pater Miguel Generalvikar der Sahara-Diözese Laghouat. Sein Traum war nicht die Wüste, sondern das Meer.

Geboren wurde er 1944 im spanischen Baskenland. Und eigentlich wollte er Arbeiterpriester für die Werftarbeiter der großen Reedereien an der Küste werden. Zwischendurch sammelte er bereits Erfahrungen als Beichtvater baskischer Matrosen, die auf Kabeljaufang nach Neufundland fuhren. Aber dann traf ihn ein Satz mitten ins Herz: „Und der Herr sprach zu Abraham: Geh aus deinem Vaterland und von deiner Verwandtschaft und aus deines Vaters Hause in ein Land, das ich dir zeigen will" (1. Mose, 12). Diese Bibelstelle, zitiert von einem Weißen Vater, der einen Vortrag im Priesterseminar hielt, ließ Miguel nicht mehr los. Nach einem Jahr stand sein Entschluß fest: Er würde tun, was der Weiße Vater geraten hatte, und in die Wüste ziehen. Wie die große Mehrheit der Basken war er ein entschiedener Franco-Gegner. In der spanischen Amtskirche, der unerbittlichen Verbündeten des Caudillo, konnte er sowieso nichts mehr werden. Miguel Larburu ver-

Schule für Leder-Schneiderei

brachte drei Jahre bei den Weißen Vätern in Logroño und studierte Philosophie. Dann lebte er ein Jahr im französischen Gap als Novize. Als ihn der Orden nach Kanada schickte, gehorchte er, obwohl er lieber endlich in die Wüste gezogen wäre. In den Ferien arbeitete er als Maurer auf den Wolkenkratzer-Baustellen in Kanada. Da konnte er wenigstens Arbeiter-Priester auf Zeit sein.

Endlich durfte er das IPA (Institut Pontifical des Études Arabes), das Päpstliche Institut für Arabische Studien, in Rom besuchen, die obligatorische Etappe vor der Entsendung in islamische Länder. 1977 war es endlich soweit: Pater Miguel wurde nach Ain Sefra in die algerische Sahara geschickt. Dort machte er eine Ausbildung zum Schweißer und Bauzeichner für Rohrbau in der Erdölindustrie. In Adrar und Béchar unterrichte Miguel Larburu an der Technischen Oberschule.

In den 90er Jahren, als Algerien zwischen dem Terror der Islamisten und der Gewalt derer, die sie bekämpften, zerrissen wurde, führte Pater Miguel den Orden der Weißen Väter als Provinzial für Nordafrika. Da hatte man auf einen gesetzt, der sich nicht so schnell aus der Fassung bringen läßt und der seine strenge Arbeitsmoral „mit spielerische Heiterkeit" betreibt. Pater Miguel sagt über sich selbst: „Vom Charakter her bin ich ein Kind, körperlich bin ich eine Festung."

Nur einmal hat er sich verweigert: Als sie ihn zum Bischof machen wollten. „No, gracias", antwortete Miguel. Er wollte mit den Händen arbeiten. In Alge-

Im Büro

Ouargla: auf die Plätze, los …

… und Bonbons verteilen!

rien hat er noch einen Berufsabschluß als Klempner gemacht. Die Rohre im Haus der Weißen Väter von Ghardaia hat er höchstpersönlich verlegt. Auch wenn er heute der geistige Vater und Förderer des Dokumentationszentrums der Sahara ist, wenn er also fast nur noch mit Büchern und Papieren umgeht, wenn er heute Englisch, Spanisch und Französisch unterrichtet – Miguel Larburu kehrt immer wieder zur „richtigen" Arbeit zurück, zur körperlichen Arbeit, zum Arbeitermilieu seiner Jugend und zum Traum vom Meer.

Ein Jahr lang nahm er sich frei vom Orden und fuhr von 1999 bis 2000 als Matrose der Handelsmarine zur See. Da war er auch nicht mehr der Jüngste. „Aber das war ich mir schuldig", sagt Miguel. Dieser Mann, so scheint es, hat es sich zur Pflicht gemacht, seine Träume zu erfüllen.

Im Januar 2008 schreibt mir Miguel: „Heute kann ich sagen, daß mir keine (andere) Kultur und keine Situation im Leben angst macht. Und euch Jungen kann ich sagen, daß die Umorientierung, die solche neuen Situationen verlangen, der Königsweg ist, um Persönlichkeiten zu formen. Um das Leben als Ganzes zu leben, in seiner Fülle, da wo uns der liebe Gott einsetzt.

Und schließlich scheinen mir drei Eigenschaften notwendig zu sein. Unermüdlich zu sein in der Suche nach Gott und seinem Mysterium. Sinn-Sucher zu sein für jeden Mann und jede Frau. Und der Kreativität in alle Richtungen freien Lauf zu lassen. Für mich gibt es einen Moment, wo das alles geschieht: in der Eucharistie."

Er macht die Blinden sehen – Pater Felix

Als Felix elf Jahre alt wurde,

... hatte er schon viel Abenteuerliches gesehen. Er wuchs an der Schmuggler-Grenze im Baskenland auf, da wo die Provinz Navarra Spanien und Frankreich teilt oder vereint, je nachdem, wie man das sehen will. Felix ist 1939 geboren worden, in dem Jahr, als Franco die Macht in Spanien übernahm.

Der Vater war sein Idol, ein fliegender Händler, der zehn Kinder zu ernähren hatte.

Felix war arm, aber klug. Der ideale Nachwuchs für die Heilige Mutter Kirche. Mit elf Jahren holten ihn die Priester auf die Seminarschule nach Pamplona, wo er acht Jahre lang humanistische Fächer lernte, dann drei Jahre lang Philosophie. Auch dort warben Weiße Väter für ihre Mission in Zentralafrika, und Felix hörte mit roten Ohren von neuen Abenteuern, von Löwen, von Flußpferden und von Kamelen, die den Weißen Väter ihren Salat aus den Gärten stahlen. Felix entschied sich, zu den Weißen Vätern zu gehen. Er wollte nach Schwarzafrika, er wollte diesen Sternenhimmel sehen. Aber noch lagen das Noviziat und das Theologiestudium vor ihm, in Gap in den französischen Alpen. Dann endlich ging es nach Afrika, leider nur bis Tunis, wo er Arabisch lernen sollte. „Wozu soll das gut sein?" fragte er sich. Er wollte doch nach Schwarzafrika, wo es gar keine Araber gab.

„Es lag wahrscheinlich an den jungen Tunesiern Anfang der sechziger Jahre, daß ich meine Meinung geändert habe", meint Felix heute. Und wahrscheinlich lag es auch am baskischen Oppositionsgeist, denn zwischen 1962 und 1963 ergriff die tunesische Regierung Maßnahmen gegen die Christen, sie schloß Kirchen und verbot die Soutane. Felix machte eine wichtige Entdeckung: „Sie nehmen uns die Kirchen weg, und trotzdem bleibe ich immer noch Pater Felix, der Weiße Vater. Sie nehmen uns die Soutane, und trotzdem bleibe ich Pater Felix, der Christ."

Er hatte seine Herausforderung, sein persönliches Abenteuer gefunden. Auch deswegen, weil die Weißen Väter in Tunesien für seinen Geschmack zu sehr mit den Eliten, der Obrigkeit, kooperierten. Felix bewarb sich für Algerien, wo die Weißen Väter für das Volk da waren. Schwarzafrika, die Löwen und die Flußpferde waren vergessen. Felix lernte plötzlich mit Begeisterung Arabisch, sein neues Ziel war ein muslimisches Land.

Seine erste Station in Algerien war in der Kabylei. Später lernte er in Batna bei einem Weißen Vater, der Direktor einer Rot-Kreuz-Schule für Blinde war, die Braille-Schrift, auch auf arabisch.

Fast dreißig Jahre lang lehrt Pater Felix alle Schulfächer in Braille-Schrift und leitet die Schulen in Batna und Biskra. Er bildet das Lehrpersonal aus. Wie alle Weißen Väter muß er ein paar Jahre aussetzen und in seinem Heimatland Spanien den Nachwuchs unterrichten. Eine moralische Pflicht. Die meisten würden lieber ihre Arbeit vor Ort fortsetzen, weit weg von zu Hause.

1998 kehrt Pater Felix nach Algerien zurück. Der Orden setzt große Hoffung auf ihn. Felix soll das Haus der vier Brüder in Tizi Ouzou wieder eröffnen, die von Terroristen ermordet worden waren. Das Haus in Tizi Ouzou, der Hauptstadt der Kabylei, wird aber nicht fertig. Felix geht nach Ghardaia. Auch dort war das Haus der Weißen Väter nach einem Attentat geschlossen worden. Niemand war zu Schaden gekommen, aber die Hoffnung hatte gelitten. Die Hoffnung der Einwohner von Ghardaia, die zum Lesen, zum Reden und zum Studieren zu den Weißen Vätern gekommen waren. Pater Felix wird das Haus wieder mit Leben füllen. Mit Lachen, mit Gesprächen, mit Sprachkursen und dem Duft nach Paella. Draußen gibt er Französischkurse für die Erzieherinnen der Behindertenschule oder geht ins Gefängnis, wenn einsitzende Schwarzafrikaner einen katholischen Priester verlangen. Aber drinnen ist Felix der Hausvorsteher, der Herbergsvater, die väterliche Autorität, die verläßliche Adresse. Das Telefon läutet, die Klingel schrillt. Pater Felix empfängt die Besucher der Bibliothek, berät ehemalige Schüler, geht auf den Markt, bespricht das Menü mit dem Koch und kocht am Freitag, dem muslimischen Feiertag, auch noch selbst. Im Haus der Weißen Väter von Ghardaia geht es zu wie in einem Taubenschlag. Ein tägliches Abenteuer für Pater Felix – inklusive Löwen und Flußpferde, aber nur in der Bibliothek.

Weiße Väter und Schwestern in den „Schwarzen Jahren"

Die 1990er Jahre

… waren die sogenannten „Schwarzen Jahre" Algeriens. 1992 hatten die Islamisten mit ihrer Partei Front Islamique du Salut (FIS) zwar die Wahlen gewonnen, wurden aber vom Militär und den alten politischen Kräften von der Macht abgehalten. Es war eine Art Staatsstreich von oben, der die Islamisten in den Untergrund trieb. Fast 200.000 Menschen sind seitdem der Gewalt zum Opfer gefallen. Grausam ermordet bei den Anschlägen der Terroristen oder getötet bei Übergriffen der Armee auf Dörfer, wo sie Islamisten vermuteten. In den ersten Jahren brachten die Terroristen vor allem Künstler und Ausländer um.

Die meisten christlichen Ordensleute, vor allem Schwestern, verließen das Land. 1993 lebten 222 Ordensleute in der Diözese Algier, 1996 waren es noch 70.

Was niemand geglaubt hätte: Auch die in der Bevölkerung so beliebten Schwestern und Brüder der christlichen Orden wurden von den Mördern nicht verschont.

8. Mai 1994: Schwester Hélène von den Kleinen Schwestern der Auferstehung und Bruder Henri von den Maristen werden in der Kasbah von Algier umgebracht.

23. Oktober 1994: Die Weißen Schwestern Esther und Caridad werden im Stadtteil Bab el Oued in Algier ermordet.

27. Dezember 1994: Die Weißen Väter Christian, Jean, Charles und Alain werden in Tizi Ouzou ermordet. Tiefe Betroffenheit herrscht in der Bevölkerung, Tausende kommen zur Beerdigung, die Geschäfte bleiben geschlossen.
8. Januar 1995: Das Haus der Weißen Väter in Ghardaia wird angegriffen, die vier Anwesenden können sich über die Dächer retten.
5. Mai 1995: In Ghardaia werden fünf Mitarbeiter ermordet.
4. September 1995: Schwester Bibiane und Schwester Angèle-Marie von den Kleinen Schwestern der Auferstehung werden in Algier umgebracht.
11. November 1995: Die Kleinen Schwestern Odette und Chantal werden angegriffen. Odette stirbt.
27. März 1996: Entführung von sieben Trappisten-Mönchen aus dem Kloster von Tibhirine (bei Médéa). Ermordet wurden sie am 21. Mai. Die Umstände ihrer Entführung und Ermordung sind bis heute ungeklärt. Da sie französische Staatsbürger waren, hatte sich auch der französische Geheimdienst in die Bemühungen um ihre Befreiung eingeschaltet. Manche Experten meinen, daß in der Taktik der Franzosen der Schlüssel für das Scheitern der Verhandlungen zu suchen sei.
1. August 1996: Der von den Einheimischen hochverehrte Bischof von Oran, Monsignore Claverie, und sein Fahrer werden ermordet. Monsignore Teissier, Erzbischof von Algier, sagte über die Beerdigung von Bischof Claverie, daß es „eine einzigartige Versammlung war, und wahrscheinlich etwas noch nie Dagewesenes in den 14 Jahrhunderten, seit der Islam existiert, diese

christliche Versammlung, in der die Mehrheit weinende Muslime waren, die den Bruder Bischof feierten, dessen Amt nicht nur für die christliche Gemeinschaft, sondern auch für eine große Zahl von Menschen in der muslimischen Gemeinschaft einen Sinn hatte."

In seinem Buch „Chrétiens en Algérie" zitiert Erzbischof Teissier auch den Brief einer Muslimin, einer jungen Ärtztin:

„… Ich komme zum schrecklichsten Punkt, zur Ermordung der Mönche von Tibhirine, die für mich schlimmer als ein Sakrileg war. Ich konnte es nicht fassen und nicht zulassen. Als Muslimin habe ich laut aufgeschrien. Ich schäme mich für das vergossene Blut der Gottesmänner. Ich schäme mich für mein Volk, ich schäme mich für mein Land und, wie entsetzlich, ich schäme mich für meine Religion! …

Unser Herz ist gebrochen, denn kein Muslim, ich betone es noch mal, kein Muslim hat uns in unserer Tragödie beigestanden. Niemand hat uns unterstützt; im Gegenteil, wir waren die Parias der Welt. Wir waren allein in unserem Leid, und niemand hat den Mut gehabt oder einen Gedanken daran verschwendet, wenigstens für uns zu beten und zu sagen: Gott, hilf ihnen. Ausgenommen Sie!"

Die Algerier haben es den Ordensleuten, die trotz der tödlichen Bedrohung im Land geblieben sind, hochangerechnet, daß sie solidarisch waren und Beistand leisteten.

Pater Raphaël Deillon hat in seinem Buch „Des Roses dans les Sables" (Rosen im Sand) diese Jahre beschrieben.

„Daß Christen bereit sind, den Alptraum, den ihre muslimischen Brüder durchleben, mit ihnen zu teilen, heißt bereit zu sein mit Christus am Ölberg zu bleiben, und zwar bis an den Fuß des Kreuzes."

„Und Jesus schlief auf dem Rücksitz"

Pater Deillon: „Ich war schon …

… ein gutes Stück gefahren. Sand, Sand, Wüstenei. Wenig Verkehr auf dieser Straße … Plötzlich, was sehe ich da in der Ferne? Sieht aus wie ein Kontrollposten. Ein echter oder ein falscher?"

(Terroristen besorgten sich häufig Militär-Uniformen und errichteten Straßen-Barrieren, um Autofahrer in die Falle zu locken.)

„Ein echter Posten, die Armee, die die Straße schützt? Oder ein falscher, Terroristen, die keine Gnade kennen. Aber ich kann nicht mehr anhalten, kann weder wenden noch fliehen. Wohin auch fliehen? Also muß ich drauf zu halten. Wo ist Jesus in all dem? Wo ist er abgeblieben? … Aber Jesus ist auf dem Rücksitz, er schläft, den Kopf auf der Armlehne. Und er antwortet nicht auf meine Hilferufe. Also muß ich die Entscheidung ganz alleine treffen, an seiner Stelle … Und ich entscheide, ich fahre weiter, ich geh es an. Und nach und nach, während ich mich nähere – die Zähne zusammengebissen –, sehe ich besser und ich sehe, daß es kein Posten der Armee ist, sondern … Nomaden mit ihren Kamelen, die die Straße überqueren, um zu den Brunnen dort drüben zu ziehen …

Uff! Also, ich meine, Gott hat viel Humor bewiesen, als er diese schrecklichen Terroristen in friedliche Nomaden verwandelte. Und ich drehe mich um, um Jesus auf dem Rücksitz zu danken, aber er ist bereits verschwunden …

Ein dampfendes Kuskus

... Ich erzähle dieses Abenteuer so,

... wie es mir Michel, unser Bischof in der Sahara, erzählt hat.

„Ich wollte die Strecke In Salah-Laghouat in einem Tag machen, 880 km, und ich hatte hintereinander zwei Reifenpannen. Ich war am Straßenrand blockiert, ohne Ersatzreifen. Mehrere Autos halten an, um ihre Hilfe anzubieten. Der Fahrer des ersten Autos, das angehal-

Koffer der Weißen Väter in Ghardaia

ten hatte, war netterweise bereit, den Weißen Vätern in Laghouat Bescheid zu geben, damit sie jemanden schickten. Etwas später hält ein anderer Fahrer von selbst an und versucht, mir zu helfen. Als er sieht, daß er nichts machen kann, fährt er weiter. Die Zeit verstreicht, und plötzlich, in der dunklen und unheimlichen Nacht, nähern sich zwei Scheinwerfer. Das Auto hält.

Drei Männer steigen aus, in ihren Händen … eine enorme Schale mit Kuskus, die noch dampft. „Wir wollten einen Fremden hier nicht ganz allein lassen in dieser gefährlichen Gegend. Wir werden mit Ihnen essen …"

Ghardaia und das Tal des M'zab

Ghardaia liegt 600 Kilometer südlich ...

... von Algier, am Saum der Wüste. Hier beginnt die Sahara. Ghardaia ist der Hauptort der sieben Mozabiten-Gemeinden. Die Mozabiten sind eine strenggläubige,

Moschee

geschlossene Gruppe im Islam. Im Jahre 658 haben sie sich von der Mehrheitsrichtung der Schiiten abgespalten, weil sie keinerlei weltliche Gerichtsbarkeit anerkennen wollten. Bei ihnen ernannte der Imam den Richter. Die Mozabiten wurden als Ketzer überall verfolgt, bis sie sich im 11. Jahrhundert an den Rand der Sahara zurückzogen. Bis heute regelt ein Rat der Frommen und Weisen in der Moschee das soziale und moralische Zusammenleben. Es gibt keine Musik und keinen Gesang, nur den Ruf zum Gebet.

Der große Markt in Ghardaia

links: Gasse innen; rechts: Kamelmarkt

Der Städtebau der Mozabiten fasziniert die Architekten bis heute: Auf dem obersten Punkt thront die Moschee, mit einem archaisch einfach anmutenden Minarett. Um die Moschee herum ist die übrige Stadt wie eine Schnecke gewendelt, um das Innenleben vor der Außenwelt zu schützen. Geschäfte und der Markt befinden sich im äußersten Kreis und in den Ausläufen, denn dort kommen auch Fremde hin.

Niemand, der kein Mozabit ist, soll den innersten Kreis betreten. Nach dem gleichen Prinzip sind auch die Häuser gebaut. Die Frauen verstecken sich auch heute noch unter weißen Tüchern, die das gesamte Gesicht verdekken. Nur ein Auge bleibt frei. Gehen sie aus, muß ein Mann sie begleiten, und wenn er erst fünf Jahre alt ist.

Dabei sind die Mozabiten überall in der Welt als Händler und Geschäftsleute unterwegs. Die Männer, versteht sich. Sie leben in New York und Québec, in Algier und in Singapur. Oft haben sie dort ebenfalls Familie. Aber zum Heiraten, zum wahren Heiraten, kommen sie nach Hause. Ein jungfräuliches Mädchen aus guter mozabitischer Familie muß es sein. Die Heirat ist die einzige Gelegenheit im Leben dieser Frau, unter fremde Leute zu kommen. Schon am nächsten Tag ist sie wieder kaserniert, im Hause ihres Ehemannes. Die Sitten sind trotz Satellitenschüsseln nach wie vor sehr streng, die soziale Kontrolle gegenüber Frauen erbarmungslos.

Im Innern der Familienschnecke sitzt die Frau, an den äußeren Rändern gehen die Männer ihren Geschäften und Beschäftigungen nach. Dieses System der inneren Sicherheit hat die Mozabiten als verfolgte Minderheit überleben lassen. Die Nachkommenschaft wurde in einer Art Hochsicherheitstrakt großgezogen, so starben die Mozabiten nie aus. Sie sind eine verschwindende Minderheit, was sie mit enormen Vermögen kompensieren. So unsichtbar sie ihre Familie machen, so offen treten sie in der Welt auf. Sie sind ihrer eigenen Sache so sicher, daß sie keine Scheu haben, mit Andersdenkenden in Kontakt zu treten. Nirgendwo in der islamischen Welt habe ich so aufgeschlossene Männer getroffen. Demokratische Werte, christliche Religion, amerikanisches Management – Mozabiten haben damit in der Außenwelt in der Regel keine Probleme. Islamischer Fundamentalismus ist ihnen ein Greuel. Ich habe sogar einen Koran-Schüler kennengelernt, der Journalismus in Israel studieren wollte, weil die Israelis so professionelles Fernsehen machten. Fragt man die freiesten Geister unter den Männern, warum sich bei den Frauen gar nichts bewegt, heißt es: An uns liegt es nicht. Die Frauen selbst wollen es so. Was nicht weiter verwunderlich ist.

Architektur der Mozabiten

Wenn die Männer jahrelang abwesend sind, üben Mütter, Schwiegermütter, Tanten und Großmütter die Kontrolle aus. Dieser Streitmacht ist kaum eine junge Frau gewachsen, ohne eigene Mittel, ohne eigenen Paß, ohne eigenen Beruf.

Klar, einfach, streng, durchdacht – die Architektur der Mozabiten hat Le Corbusier inspiriert. Seine Kirche von Ronchamp in der Franche-Comté ist fast eine Kopie einer mozabitischen Moschee. Le Corbusier unterhielt ein Lehratelier in Ghardaia für seine französischen Studenten.

Ghardaia

1883 lassen sich die Weißen Väter ...

... in Ghardaia nieder. Zunächst in einem baufälligen Haus im Judenviertel. Und sie eröffnen im Ghetto eine Schule, die von jüdischen und mozabitischen Kindern besucht wird. Schnell lernen sie die Probleme kennen, die Mozabiten und Juden im Zusammenleben haben.

Allerdings ist auch auffallend, daß es im Tal des M'zab überhaupt so lange und so offen eine jüdische Gesellschaft gab. Ganz offensichtlich vertrugen sich die jüdischen Traditionen mit denen der Mozabiten nicht so schlecht: orthodox im Glauben, weltoffen im Denken und international im Handel.

Porträt eines Juden, Ghardaia, 1900

Das jüdische Tabu

Das Thema „Juden" und „Israel" ist ...

... und bleibt ein Tabu. Eine bekannte Journalistin hat es Ende der 1990er Jahre gewagt, an der ersten und bisher einzigen Reise algerischer Intellektueller und Politiker nach Israel teilzunehmen. Hinterher ist sie so unflätig beschimpft worden, daß sie sich in einem Prozeß gegen Verleumdung und üble Nachrede wehren mußte.

Tausende von Algeriern haben 1973 am Krieg gegen Israel auf seiten der arabischen Streitkräfte teilgenommen, ganz offiziell im Namen der algerischen Republik. Algerien ergreift ganz klar Partei, nicht nur für Palästina, das tun alle Maghreb-Staaten, sondern gegen die Juden. Deswegen gewinnt man schnell den Eindruck, es lebten keine Juden mehr in Algerien. Das stimmt nicht, man spricht nur nicht darüber. Die jüdischen Familien selbst am wenigsten.

Aissa Chenouf hat 1999 das erste Buch seit der Unabhängigkeit des Landes 1962 über Juden in Algerien veröffentlicht, und er schreibt im Vorwort:

„... ich entdeckte eine Geschichte, die uns verboten ist. Verboten von der Grundschule bis zur Universität."

Die Tabuisierung hat auch historische Gründe: Zu Beginn der französischen Kolonisierung Algeriens, ab 1830, kooperierten die Juden sehr stark mit den Besatzern. Sie wurden von den Franzosen im Gegensatz zu Arabern und Berbern als gleichrangig angesehen und erhielten

Im jüdischen Viertel von Ghardaia, 1899/1900

1870 von einem Tag auf den anderen die französische Staatsbürgerschaft. Die anderen Einheimischen blieben davon ausgeschlossen. Unter dem Vichy-Regime (1940) wurde ihnen die Staatsbürgerschaft wieder aberkannt. Die antijüdischen Gesetze waren strenger als in Frankreich selbst. Nach dem Zweiten Weltkrieg erhielten sie diese Staatsbürgerschaft zurück.

Im Unabhängigkeitskrieg Algeriens 1954–62 kämpften viele Juden auf seiten der Franzosen, weil sie Angst hatten, in einem unabhängigen, islamisch geprägten Algerien erneut verfolgt zu werden. Noch einmal wurden sie in den Augen der algerischen Nationalisten zu Verrätern. Niedergelassen hatten sich Juden in Algerien im 16./17. Jahrhundert, unter den Vasallen des Osmanischen Reichs, den Piraten-Königen.

Die Beute, die die Beys und Deys von Algier auf europäischen Schiffen machten, wurde von jüdischen Händlern zu hohen Preisen wieder nach Europa re-exportiert.

Sie wurden als Ahl Al Kitab, als Volk des Buches, respektiert, so lange sie den Vorrang des Islam anerkannten.

1941 lebten ca. 130.000 Juden in Algerien, heute sind sie offiziell statistisch nicht erfaßt.

Ironie der Geschichte – die legendäre Freiheitsheldin Algeriens, die Prinzessin Kahina, die um 700 nach Christus gegen die arabischen Eroberer Nordafrikas kämpfte, gehörte einem Berberstamm jüdischen Glaubens an.

Der jüdische Friedhof von Ghardaia wird bis heute respektiert und nicht angetastet. Die letzten Juden wurden dort in den sechziger Jahren des 20. Jahrhunderts bestattet. Ghardaia ist damit die große Ausnahme in Algerien.

Schule der Weißen Väter in Ghardaia

1892 kommen auch die Weißen Schwestern in Ghardaia an. Sie waren am 14. Dezember in Algier mit der Postkutsche aufgebrochen und erreichten Ghardaia am 27. Dezember. Sie bekommen ihr eigenes Haus und arbeiten im Militärhospital.

Ab 1895 werden keine jüdischen Kinder mehr in die Schule der Weißen Väter aufgenommen. Zum einen, weil die Mozabiten ihre Kinder nicht auf eine Schule schicken wollten, die fast ein Monopol der jüdischen Familien geworden war. Zum anderen könnte auch der Antisemitismus im Mutterland Frankreich eine Rolle gespielt haben, vor allem seit der Affäre Dreyfus, an der Katholiken sehr aktiv mitwirkten.

Die Entscheidung gegen die jüdischen Kinder schaffte ein feindliches Umfeld für die Arbeit der Weißen Väter

Pfadfinder-Aktionen

im Ghetto. 1901 richten sie sich im Viertel Bab Er-Rai ein, mit Wohnhaus und Schule. Auch eine Krankenstation betreiben sie nicht weit entfernt. Ihr Wohn- und Arbeitsplatz ist ab sofort ganz in der Nähe des Marktes. Der tägliche Kontakt mit den Mozabiten wird intensiver, viele mozabitische Kinder kommen jetzt in die Schule.

Es ist das Haus mit Gemüsegarten, eigenem Brunnen, großer Küche, kleiner Kapelle und riesiger Terrasse, das auch heute noch von der Gemeinschaft bewohnt wird. Die Schule wurde im Jahr 1976 aufgegeben, als Algerien alle Privatschulen zugunsten des staatlichen Schulwesens schloß.

Mozabiten, die dort unterrichtet wurden, schicken ihre Kinder heute in die privaten Sprachkurse der Weißen Väter. Einige Weiße Väter wurden in den neuen

Schulen als Lehrer weiterbeschäftigt. Heute geben sie auf ihrem eigenen Gelände unentgeltlich Sprachkurse in Englisch und Französisch. Es gibt eine Arbeitsbibliothek für die Fremdsprachenschüler, die neben Belletristik auch einen Schwerpunkt in Pädagogik, Medizin und Psychologie hat, und eine wissenschaftliche Bibliothek, das „Dokumentationszentrum der Sahara". Beide Bibliotheken sind auch Fluchträume, für all die, die einfach in Ruhe lesen und nicht von einer großen Geschwisterschar zu Hause gestört werden wollen. Vor allem Mädchen kommen vor lauter häuslichen Aufgaben daheim kaum dazu, ihre Nase in ein Buch zu stecken und „faul" herumzusitzen.

Ritt in die Wüste, 2. November 1900

Schokolade oder die Freiheit der Wahl – Pater John MacWilliam

Pater John,

… geboren 1948 in Wimbledon, Großbritannien, gehört zu den Menschen, die es anderen einfach machen. Man weiß immer, was man ihm mitbringen kann: Schokolade, Kuchen, Nachtisch. Er ist ein großer Genießer und ein Pflichtmensch. 16 Jahre hat er als Offizier in der Armee ihrer Majestät, der Queen, gedient, abkommandiert nach Nordirland. Dann begann er diesen Kultur-Kampf zwischen Protestanten und Katholiken, zwischen England und Irland für Verschwendung zu halten. Er selbst war unter den englischen Soldaten einer der wenigen Katholiken, erzogen in einem Benediktiner-Internat. Schon Johns Vater war Soldat gewesen. Die Familie hatte unter anderem im Sudan und in British Somalia gelebt.

In den 70er Jahren knüpft John an diese Jugenderfahrung an. Er läßt sich in den Oman versetzen und ist beeindruckt von kulturellen und religiösen Begegnungen und Erfahrungen in der muslimischen Welt. 1983 fühlt er sich dazu berufen, Priester und Missionar zu werden. Er entscheidet sich für die Weißen Väter, weil ihm ihr Gemeinschaftsleben gefällt, weil sie international sind und in der muslimischen Gesellschaft verwurzelt.

Weiße Väter in Ghardaia

1984 quittiert er den Dienst in der Armee, besucht das Missionsinstitut in London. Später studiert er in Freiburg in der Schweiz. In Tunesien studiert er Arabisch, dann drei Jahre Theologie in London. Es folgen noch einmal drei Studienjahre in Theologie und arabischer Sprache in Rom. Anschließend wird er noch einmal nach Tunesien geschickt, und 1995 nach Tizi Ouzou in Algerien, wo er das Haus der ermordeten Weißen Väter wieder zum Leben erwecken soll. 1998 wird die neue Gemeinschaft von Tizi Ouzou mit ihrer Bibliothek eröffnet. Pater John kümmert sich dann zwei Jahre um die Bibiliothek der Diözese Algier, bevor er nach Ghardaia kommt. Auch hier arbeitet er in der Bibliothek, dem Dokumentationzentrum der Sahara, und unterrichtet Englisch.

Sein Lieblingshobby – Rugby – muß er erst noch verbreiten unter den Jugendlichen. Was treibt ihn um in Algerien, was will er ausgerechnet hier? „Den Leuten helfen, über andere nicht zu streng zu urteilen." Ein wichtiger, ein fast unbegreiflicher Satz, in einem Land, wo der Terrorismus die Familien zerrissen hat.

Und dann sagt Pater John noch, seine oberste Religion sei „liberté de foi, liberté de choix" – Freiheit des Glaubens und Freiheit der Wahl.

Und da gerade Ostern ist, als wir die Weißen Väter von Ghardaia besuchen, gibt es natürlich Schokoladen-Eier für Pater John.

Der Kupfer-Künstler –
Pater Claude Rault

Im Jahr 2004 ...

... wurde Pater Claude zum Bischof der Diözese Laghouat mit Sitz in Ghardaia ernannt. Da ist er 64 Jahre alt. Im zarten Alter von 43 Jahren hat er in Ghardaia eine Handwerkslehre absolviert und gelernt, wie man Kupfertabletts ziseliert. Drei Jahre lang arbeitete er in der Werkstatt, bevor er wieder eine Funktion in der Hierarchie übernahm. Als Generalvikar kümmerte er sich um die Fortbildung und die spirituelle Betreuung der kleinen Gemeinschaften von Brüdern und Schwestern der Diözese.

Pater Claude ist Franzose, am Meer geboren, im Département Manche. Er hat zwölf Geschwister, er ist der einzige, der eine höhere Schulbildung absolvieren darf. Die Eltern arbeiten auf einem kleinen Bauernhof, sind zutiefst religiös. „Aber in meinen ersten Schuljahren verdanke ich einem Mann sehr viel, der gar nicht gläubig war", sagt Claude. „Das war der Direktor der Dorfschule, ein aufrechter Mann, dem sehr viel an den Werten der Humanität lag wie Gerechtigkeit, Aufrichtigkeit, Ehrlichkeit." Und mit einem Augenzwinkern fügt er hinzu: „Meine Berufung wurde mir so richtig bei meiner Firmung bewußt. Da war ich acht!"

Pater Claude ist ein zarter, sanfter, nachdenklicher Mann, der über das ganze Gesicht strahlen kann. Besonders, wenn er einen überreifen, fast flüssigen Camembert zum Nachtisch bekommt. Tief beeindruckt hat mich seine warme, herzliche Bescheidenheit.

Nach Algerien kam Claude Rault im September 1970 und arbeitete über viele Jahre hinweg als Lehrer. 1999 wurde er Provinzial (Vorsteher) der Weißen Väter im Maghreb. Als Pater Claude von Papst Johannes Paul II. zum Bischof der Sahara-Diözese Laghouat ernannt wird, schreibt er am 26. Oktober 2004 in der Zeitschrift „Rencontres", die von der Diözese Algier herausgegeben wird: „Ich bin verwirrt und dankbar zugleich. Zunächst mal verwirrt: Warum wird mir diese Aufgabe anvertraut, wo doch andere kompetenter sind, erfahrener, fähiger ... Warum du, Claude? ... aber die Fragerei ist vergeblich! Gott hat seine Gründe, auch wenn wir sie in unseren Augen für verrückt halten ... Beruhigt euch, es hat mir nicht den Kopf verdreht, aber ich erwische mich tatsächlich bei der Frage, warum es dem Herrn gefällt, solche Risiken einzugehen. Wieviel Vertrauen er in uns setzt, nicht wahr? Ein Vertrauen, das einen ganz schwindlig macht! Aber ... ‚mir geschehe nach seinem Willen'. (...)

Die Diözese, die mir anvertraut ist, wird mir keine großen Ambitionen gestatten, Gott sei Dank. Auch das ist für mich ein Grund zur Dankbarkeit. Sie ist zugleich die größte und die kleinste Diözese der Welt: Zwei Millionen Quadratkilometer mit ein paar Dutzend versprengten Christen, Hefekrümel in der großen Menschenmasse von drei Millionen Muslimen, als deren bescheidener Diener ich mich genauso sehe um der Liebe Jesu willen."

Der Bankier des Bischofs – Pater Roman Stäger

Pater Roman haben ...

... mein Mann und ich im Jahr 2001 kennengelernt. Wir sind mit ihm durch die Sahara gefahren, weil wir einen Film für die ARD über ihn drehten. 40.000 Kilometer legte er damals im Jahr zurück, denn er war für die Anschaffungen und Abrechnungen der kleinen, weit verstreuten Gemeinschaften zuständig.

Er sei der Bankier des Bischofs, erklärte er uns, was auch sonst. Als Schweizer sei ihm das doch in die Wiege gelegt worden. Und außerdem: „Wer die Augen nur auf den Himmel richtet, fällt auf die Nase."

Roman Stäger war der erste Weiße Vater, den wir kennenlernten. Und damals staunten wir noch: T-Shirt, Jeans und Basketballstiefel und jederzeit ein offenes Wort. Er hätte auch Heizungsmonteur, Bauer oder Fleischer sein können. Einer seiner Lieblingssätze: „Wir sind doch hier nicht im Kloster."

Als wir uns für die Dreharbeiten in Ghardaia trafen, war der 11. September gerade vorbei. Der Dialog mit den Muslimen, den Roman Stäger seit 40 Jahren führt, war plötzlich große Weltpolitik geworden. Er hielt die Sonntags-Predigt in der kleinen Kapelle der Weißen Väter, wo das Vaterunser auf arabisch gesprochen wird und das Evangelium in arabischer Schrift auf dem Pult steht.

Pater Roman Stäger

„Die Angriffe auf New York in dieser Woche verleiten uns selbst zur Gewalt. Wer hat nicht selbst in seinem Herzen diesen Drang zur Rache gespürt? Aber Gott ist so groß, daß er sich erlauben kann, nicht zu richten."

Einfach da sein, Ansprechpartner sein – so versteht Pater Roman die Aufgabe der Christen im islamischen Land. Früher war er Leiter der Schule der Weißen Väter in Ghardaia. 1976 wurde sie – wie alle Privatschulen – verstaatlicht. Seitdem halten die Weißen Väter in ihren Räumen nur noch Sprachkurse ab und arbeiten außerhalb als Handwerker oder machen ehrenamtliche Sozialarbeit.

Für Pater Roman eher ein Vorteil. Freier zu sein für die Fragen von Menschen, die Gewalt in ihrem Land viele Jahre lang als Normalität erlebt haben.

„Wir haben einfach entdeckt, daß es für uns wichtiger ist, da zu sein, als etwas zu tun. Jemanden zu töten ist normal. Wir können dem gar nichts entgegensetzen, wir sind ja nur 0,005 % der Bevölkerung. Nein, was wir entgegensetzen können, ist die Muslime dazu zu bringen, daß sie selber darüber nachdenken und sagen: Das kann nicht der Islam sein, der im Koran steht."

Als ich Romans Freund, den Mozabiten Shikh Salah, frage, was ihm persönlich der Kontakt zu diesem Christen bedeute, antwortet er: „Roman? Der ist ein guter Kumpel, der ist einfach da."

Das schönste Kompliment für Roman Stäger, ganz gewiß. Obwohl er früher mal ein berüchtigter Macher war. Als er Radiotechnik an einer Berufsschule der Weißen Väter lehrte, reiste er in die DDR. Damals ein sozialistischer Bruder-Staat des neu-sozialistischen Algeriens nach der Revolution unter Ben Bella. Pater Roman sammelte Spenden und kaufte so viel radiotechnische Geräte ein, daß der Markt in der DDR monatelang leergefegt war.

Freiraum schaffen – darin sieht Pater Roman eine andere Aufgabe der Weißen Väter im heutigen Algerien. In die Bibliothek kommen Schüler, Studenten und Studentinnen, die einfach mal in Ruhe lesen wollen. Zu Hause ist das nicht möglich: Zu viele Geschwister, zu viele häusliche Aufgaben.

Auch in den „Schwarzen Jahren", als der Terror in Algerien wütete, als Ausländer gezielt ermordet wurden, auch Weiße Väter und Schwestern, fuhr Pater Roman Stäger weiter die gefährlichen 600 Kilometer von Ghardaia nach Algier.

„Mehrmals habe ich Angst gehabt. Ich habe immer vorher meine persönlichen Sachen in Ordnung gebracht und den Brüdern erklärt: Das sind meine Sachen, da sind die Schlüssel, für den Fall, daß ich nicht wiederkomme."

Und warum nimmt ein Junge aus der Schweiz das alles auf sich, warum hat er sein Herz an die Wüste gehängt und nicht an die Alpen?

„Das kann ich mir auch nicht so recht erklären", sagt Roman Stäger. „Als ich noch im Studium war, an der Universität Fribourg, da hatten wir mal eines Abends einen Lichtbildervortrag aus Schwarzafrika, denn die Weißen Väter arbeiten ja nur in Afrika. Aus Schwarzafrika, aus Uganda, aus dem Kongo – und das sagte mir nichts. Bis dann – gegen Ende ein Dia aus Südtunesien oder Algerien kam, da hat es einfach gehakt. Ich weiß nicht, wie man das erklären soll, das überlasse ich Spezialisten. Wenn Sie mal einen vollen Tag in einer echten Wüste sind, wo sie ganz allein auf sich angewiesen sind, da ist es nicht möglich anders zu denken, als an den, der uns geschaffen hat."

Die religiöse Qualität der Wüste

„Die Wüste, wo man die Stille hören kann ...

... die auf die Transzendenz ausrichtet und bereit macht zur Gastfreundschaft und zur Begegnung mit Gott und den Menschen, denn in der Sahara ist man in gewisser Weise gezwungen, sowohl der Vorsehung zu vertrauen als auch seinem Nächsten" (Michel Gagnon, Bischof von Laghouat, † 2004).

Eine Wüsten-Moschee, von reisenden Tuareg mit Steinen in den Sand gelegt. Die rituellen Waschungen vor dem Gebet werden durch Abreiben mit Sand ersetzt

Zu Wasser –
zu Lande – in der Luft

Von der Einschiffung ...

... in Marseille bis zur Ankunft in Ghardaia war die Reise in den ersten Jahrzehnten des 20. Jahrhunderts für die Weißen Väter und Schwestern ein ausgesprochen strapaziöses Unternehmen. Ganz zu schweigen von den Problemen, sich in der Sahara fortzubewegen und zu den einsam gelegenen Nomadenlagern zu gelangen. Eine Aufgabe voller Gefahren und technischer Tücken, die viel praktischen Menschenverstand und tiefes Gottvertrauen verlangt. Die Erlebnisse mit Fahrzeugen jeder Art sind ein wesentlicher Bestandteil in der Geschichte der Sahara-Mission.

Pater Fisset, 1953

Monsignore Nouet, Apostolischer Präfekt der Sahara

In der Monatszeitschrift der Afrikamissionare, die in Paris erscheint, wird am 1. März 1937 dem staunenden Publikum in Frankreich die „Märtyrerlegende" der Fahrzeuge der Weißen Väter vorgestellt.

„Die Märtyrerlegenden der Missionsautos können jedes literarische Genre bedienen – von der Tragödie bis zur Komödie … oder gar bis zur Musik-Show. Der Klagechor tritt tränenreich in langen Trauergewändern auf, vor Metallwracks, die den Kamelskeletten Gesellschaft leisten.
Sobald es auf eine Piste gelangt, fügt sich ein Missions-Auto in sein Schicksal. Es hat oft ein Chassis, einen Motor und vier Reifen, manchmal eine Karosserie; immer rund 50.000 Kilometer auf den alten rheumatischen Rädern. Und was man von ihm verlangt, ist unverschämt! Wenn es im Sand festgefahren war und dort fast seinen letzten Seufzer getan hatte, jagt man es zur Erholung über ein Steinfeld, wo es sich die Reifen zerschneidet … Bei der Ankunft muß man die Felgen auswechseln. Aber die Wüstenautos praktizieren das Evangelium: Eines gibt, was dem anderen fehlt.
Fragen Sie Monsignore Nouet, der mit der Hand seine Augen schützt – vor der Grausamkeit der Sonne und … des Objektivs."

Aus dem Leben eines Nomadenmissionars

„Welch ein Glück …

… für den Missionar, endlich das Kamel durch das Auto ersetzt zu haben – auch wenn es nur ein antiker Citroën ist, der aus Blechteilen zusammengestückelt wurde … Fahren wir also weiter mit einer Geschwindigkeit von 2 bis 50 Kilometern in der Stunde. Sie werden bald recht erbaut davon sein, wie gut sich das Auto und die Insassen verstehen, wenn sie aus einem Flußbett voller Sand wie-

Missionare auf Tournee

Heilige Messe am Wegesrand und im Nomadenlager

der herauskommen wollen. Das gute Auto läßt die Luft aus den Reifen, es läßt sich im ersten Gang mit Vollgas auf Hochtouren drehen, vorausgesetzt, daß seine Verbündeten sich vorher mit Schaufeln und Hacken bewaffnet haben ... Dann erreicht es triumphierend, 20, 50, manchmal sogar 100 Kilometer vom Start entfernt, sein Ziel: 10 oder 20 Nomadenzelte. Nun wartet das Auto darauf, daß es entladen wird. Da ist der Sack mit der Zeltplane, mit der *Rezika* (zentraler Zeltmast) und den Heringen. Und hier eine Kiste mit Lebensmitteln. Gewiß, im Nomadenlager würde man die Bewohner beleidigen, wenn man sie öffnete. Aber man kann nie wissen. Monsignore hat schließlich kein Monopol auf Pannen."

„Dann kommt die geteerte Ziegenbock-Haut, mit Wasser gefüllt, und schließlich die Koffer-Kapelle (ein

Der beste Platz für die wichtigsten Männer des Nomadenclans

Weiße Väter auf der Fähre nach Algier

Pater Harmel und sein Flugzeug

mobiler Altar und Utensilien für die Messe) und die Medizinkiste. Außerdem Decken, in die wir uns im Winter auf dem Sand einrollen und die wir im Sommer als Matratzen benutzen. Und schließlich der Ranzen mit arabischen Büchern, in denen sich Geschichten finden und vor allem das Wort Gottes ...

Oben am Zeltmast hängt außen eine Mutter Gottes mit ausgebreiteten Händen, die alle willkommenheißt, die zu uns kommen ...

Sind die Medikamente verteilt, hocken sich die Männer auf eine Decke oder auf die Erde, um mit den Patres zu plaudern. Gerne hören sie zu, wenn amüsante Geschichten in ihrer Sprache vorgelesen werden. Und noch lieber mögen sie Geschichten aus dem Alten Testament oder Abschnitte aus dem Evangelium ..."

Die Karawane

1930, zum 100. Jahrestag der Besetzung Algeriens durch Frankreich, organisierte Monsignore Mercier die Rallye „Mittelmeer-Niger" und machte damit die Sahara zum Tourismusziel. Ein Führer für den Automobiltouristen bemerkte dazu 1948: „Die Sahara hat für immer aufgehört eine Wüste zu sein." Nach damaligen Begriffen traf das sicher zu, wenn man bedenkt, daß es zuvor unvorstellbar war, sich der lebensfeindlichen Wüste zum reinen Vergnügen auszusetzen.

Monsignore Mercier, Bischof der Sahara-Diözese von 1941–1968, war nicht nur ein Autonarr. Seit Mitte der 50er Jahre die Förderung von Erdöl in der Sahara begonnen hatte, las er auf den Bohrstationen die Messe für christliche Arbeiter. Oft liegen Tausende von Kilometern zwischen den Stationen.

Die Entfernungen

Wer auch den Bus nicht bezahlen kann, steigt gegen einen kleinen Unkostenbeitrag auf einen LKW

Eine Erdöl-Gesellschaft entschloß sich zu einem gottgefälligen Werk und bot dem Bischof ein Flugzeug an. Tatsächlich fand sich auch noch ein Ordensbruder mit Pilotenschein, und schon düsten Monsignore Mercier und sein Pilot, Pater Harmel, durch den Himmel über der Wüste.

Heute, im 21. Jahrhundert, transportieren völlig überladene Lastwagen Waren und Menschen durch die Wüste von Ghardaia und Tamanrasset in den Niger, nach Mali und wieder zurück. Teilstücke der Pisten sind heute asphaltiert.

Zu Beginn der Auto-Ära in der Wüste versanken auch die LKW auf den großen Überlandstrecken immer wieder im Sand und mußten von Fahrern und Passagieren mit Schaufeln und Sandblechen freigelegt werden.

Die erste Fotoreise durch die Sahara

Von Februar bis Juli 1903 ...

... unternahmen Pater Charles Guérin und Pater André Vellard eine erste Erkundungsreise in die Oasen der Sahara. Zwischen 1889 und 1901 hatte die französische Armee die Kontrolle des Südens bis In Salah ausdehnen können. Aber niemand kannte diese Gebiete besonders gut. Sie galten als unsicher. Im Jahr 1901 hatte die katholische Kirche den Verwaltungsbezirk Sahara zur Apostolischen Präfektur Ghardaia erhoben und sie Pater Guérin anvertraut, der damals 29 Jahre alt war.

Damals wurde die Politik der Kolonisierung Algeriens durch das Mutterland Frankreich nicht in Frage gestellt. Die Weißen Väter hießen nicht nur Afrikamissionare, in gewissem Sinne verstanden sie sich auch so, trotz des Missionierungsverbotes. Es ging nicht nur um den Glauben, sondern ganz allgemein um die „zivilisatorische Mission des Westens", die Assimilierung der lokalen Bevölkerung.

Immer wieder wurden Militärkonvois und Karawanen ziviler Reisender von Tuareg-Trupps überfallen. Deswegen wurden Guérin und Vellard von Militär eskortiert oder sie reisten zeitweise mit den Konvois der Armee.

Der geistlichen Karawane gehören außer den Patres ein Führer namens Tahar an, zwei *Chameliers* – Taieb

Die vornehmsten Kamele sind weiß

Packkamele sind braun

Wüstentruppe der französischen Armee, 1899–1901

und Barka – und Messaoud, der Koch. Außerdem zwei schnelle Rennkamele – Rimbi und Gourari - sowie fünf Packkamele. Vellard notiert: „Unsere Sahara-Flotte besteht aus zwei schnellen Kreuzern und fünf Lastschiffen. Rimbi ist prächtig, hochgewachsen, gewandet in hellem Gelb. Es ist Guérin zugeteilt und wird deswegen zum Admiralsschiff ernannt." Sie haben zwei Fotoapparate dabei: einen im Format 13 x 18 mit Stativ und 950 Platten. Und eine Stereo-Kamera im Format 6 ½ x 9 mit 1000 Platten. Vellard: „Der große Apparat ist ein bißchen sperrig, aber hat viele Vorteile: Die Klischees haben ein künstlerisch besseres Format, und es ist einfacher, Objektiv und Licht zu richten. Die Stereo-Kamera ist wegen ihres internen Auslöser-Mechanismus störungsanfälliger und dient vor allem dazu, bewegte Szenen oder Landschaften unterwegs aufzunehmen."

Sie brechen am 22. Februar um 4 Uhr nachmittags in Ghardaia auf. Am Tag legen sie 30 bis 40 Kilometer zurück. Am vierten Tag finden sie Sahara-Trüffeln, *Terfas*, die wie Wurzeln im Sand wachsen, aussehen wie schwarze Knollen und so groß wie eine Orange werden. Mit echten Trüffeln haben sie nur die Konsistenz gemeinsam, nicht den Geschmack. Sie sind sehr beliebt, vor allem in arabisch-jüdischen Rezepten.

Rezept

„Man nehme die Terfas, reinige sie gut und vorsichtig vom Sand, würze sie mit viel Safran und gebe sie an gekochtes Lammfleisch."

Telegrafenmasten

Die Etappen der Karawane richten sich nach den Brunnen, wo die *Guerba* aufgefüllt wird, eine leere Ziegenhaut, die als Wasserbehälter dient. Die Operation „Wasser schöpfen" für Menschen und Tiere dauert jedesmal etwa 45 Minuten.

Im Vorüberziehen läßt Pater Vellard umgeknickte Telegrafenmasten von den *Chameliers* wiederaufrichten, aus ganz eigennützigen Gründen, wie er schreibt, denn schließlich wollen sie an den Militärstationen Telegramme empfangen und versenden.

Am 3. März wird in El Goléa das Jubiläum des Amtsantrittes von Papst Leo XIII. mit einer Parade der Schulkinder gefeiert. Sie reiten auf Eseln und begleiten die Karawane der Weißen Väter hinaus auf ihre neue Etappe in die Wüste. Zwei neue Kamele

Kirche in El Goléa mit einheimischen Christen

sind hinzugekommen: Sinaoun und Chanoine (der Kanoniker).

Es ist typisch für Europäer, den Tieren Namen zu geben. Die Nomaden nennen Kamele, Esel, Ziegen einfach nach ihrer Farbe: „Gelb", „Weiß", „Grau". Am 4. März führt Vellard den *Chameliers* und dem Koch einen Wecker vor. Sie finden, daß er eine zweifelhafte Erfindung ist, weil er nach ihrem Geschmack immer zu früh läutet. Die beiden Priester sind auf der Poststrecke unterwegs und treffen auch pünktlich zwei Schnellreiter zu Kamel, die vom Fort Mac Mahon kommen und Post nach Ghardaia bringen.

Pater Vellard ist fasziniert vom Phänomen der Fata Morgana und notiert sie genau: „In der Regel tritt die Fata Morgana am Horizont von riesigen Ebenen auf. In

Esel „Grau"

der klassischen Form sieht sie aus wie ein blauer See, umgeben von Bäumen. Sie kann unterbrochen sein, und nur die Hälfte oder ein Viertel des Horizonts einnehmen. Eine andere Form würde ich ‚Fata Morgana durch Annäherung' nennen. Eine *Qoubba*, das Grabmal des islamischen Heiligen Moulay Guandouz, liegt 45 Kilometer von Fort Mac Mahon entfernt. An manchen Tagen schwebt diese *Qoubba* über dem Horizont und ist 20 Kilometer näher an den Betrachter gerückt."

Laut Vellard sagen die Nomaden, die Fata Morgana sei das Werk der *Djinn*, die den Reisenden Seen und Dörfer vorgaukeln, um sie in die Irre zu führen. Die Kamele laufen vier Kilometer in der Stunde. Die Etappen richten sich danach, wo sich Weide für sie findet,

Bestäubung der Palmen in El-Kef

denn Futter wird nicht mitgeführt. Vellard beschreibt die einzelnen Gräser und Kräuter genau.

Am Montag, den 8. März, will Pater Guérin zum ersten Mal eine „Zelt-Messe" in der Sahara zelebrieren. Ein starker Wind, der das Zelt fast davonträgt, verhindert diese Premiere.

Am 12. März beobachten sie die Bestäubung der Palmen in El-Kef: „Die Palme *(Phoenix Dactylifera)* ist ein zweigeschlechtlicher Baum. Man nimmt die blühenden Zweige des männlichen Baumes *(doukkar)* und schüttelt sie über dem Ansatz der Fruchtstände der weiblichen Palme *(nakhla)*. Diese Operation, von der die Üppigkeit der Ernte abhängt, wird mit großer Feierlichkeit von Spezialisten durchgeführt, die dabei Gebete singen, um den Segen Allahs auf ihre Arbeit herabzurufen."

Friedhof in Berriane

Am 12. März kommen sie in Timimoun an, wo Vellard einen Fototermin anberaumt. Leutnant Camors von der Garnison hilft ihm, „die Plätze und interessante Typen zu fotografieren. Sie defilieren, ohne Probleme und ohne Scheu, vor dem schrecklichen Objektiv, das die kleinsten Details ihrer Person festhält."

Der passionierte Fotograf Vellard sieht sofort, daß die bettelnden Kinder, für die er Bonbons dabeihat, in Timimoun ganz besonderen Gebräuchen folgen: „Diese Kinder sind interessant. Sie tragen nur eine einfache *Gandoura* aus Baumwolle oder Wolle. Ihr Kopf ist nackt und völlig rasiert, bis auf eine Haarreihe, die von der Stirn bis zum Hinterkopf läuft, in der Form eines Hahnenkammes. Er heißt *arfa*, auf der rechten Seite läßt man einen kleinen Haarbüschel stehen *(guern)*. Waisenkinder

Fototermin am 12. März 1903

rasieren den Kopf nicht, zum Zeichen der Trauer. Die Mädchen haben zwei *guern* rechts und links vom Hahnenkamm und lassen ihre rechte Schulter frei."

In den *Ksars,* Wohnburgen aus Lehm, oft von Termiten zerfressen, halb verfallen, häufig von sehr armen Familien bewohnt, begründen die beiden Reisenden den Ruf der Weißen Väter als sozial engagierte Wohltäter. Sie verteilen Medikamente und behandeln Kranke. Die ersten fragen, ob sie nicht ihre Kinder zu den Weißen Vätern in Ausbildung geben könnten. Vellard und Guérin haben Pläne, in Timimoun eine Gemeinschaft zu gründen. Auf dieser Reise beginnen Guérin und Vellard, sich mit Volksglauben, Aberglauben, *Djinn*-Zauber und religiösen Traditionen zu beschäftigen. Einer der *Ksars* trägt den Namen *Touat-el-Henna,* weil dort der Henna-

Busch wächst. Vellard zitiert aus einem arabischen Medizin-Buch ein Kapitel mit der Überschrift „Das Geschenk der Liebe":

„Der Gebrauch von Henna ist (im Islam) erlaubt. In Wasser aufgelöst, ist es nützlich bei Verbrennungen. Es stärkt die Nerven, die es erfrischt und besänftigt. Als Pomade heilt Henna die Galle, Geschwüre, Pusteln im Mund. Mit Rosenessenz und Wachs vermischt, benutzt man Henna bei Knochenbrüchen, es macht die Haare weich und stärkt den Kopf – mit der Erlaubnis Allahs. Der Prophet hat gesprochen: Färbt euch mit Henna, es verschönert eure Jugend, eure Reize, eure Hochzeit."

Ein großes Problem jeder Karawane ist der Mangel an Brennholz in der Sahara. Nur wenige Bäume kommen

Holzmarkt in Biskra

Ein Bischof trinkt Tee im Nomadenzelt

in Frage. Und man muß die Äste mit Bedacht wählen, sonst bleibt auf Dauer gar kein Baum mehr übrig.

Heute haben Kamelkarawanen für Touristen Gaskocher dabei und benutzen Holz höchstens für Tee, der angeblich auf Gas gekocht nicht schmeckt. Ein Holzersatz sind damals wie heute die Kameläpfel.

„Ein magerer Dünger und ein kalorienarmer Brennstoff, aber man folgt der Not. In Ghardaia sieht man kleine Kinder jeden Tag zum Marktplatz hinuntergehen, bevor die Kamele auf die Weide gehen, und am Abend, wenn sie zurückkehren, um Kameläpfel zu sammeln."

Das Leben in der Wüste, in der Kolonie, weit weg von der Heimat, der Bischofskonferenz, dem Vatikan und Vater Staat bietet damals wie heute gewisse Freiheiten.

Am 15. April 1903 in In Salah entnehmen die beiden Geistlichen den Zeitungen, daß in Frankreich der politische Streit um die Trennung von Staat und Kirche entschieden ist. Das Parlament hat die Abschaffung der religiösen Orden und Lehrer in Frankreich beschlossen. Vellard spricht vom „Krieg gegen die Kirche", von einem Unglück für Frankreich. Und er freut sich, daß der französische Kommandant Laperrine in In Salah immer noch ganz anders denkt. Wenn es nach ihm ginge, sollten die Weißen Väter sich in den Oasen ansiedeln, um ihre Bewirtschaftung wieder aufzubauen. Die Auflösung der Orden betraf die Weißen Väter nicht, da der Orden der Afrikamissionare in Algier gegründet worden war und somit rechtlich ein algerischer Orden war. Und obwohl Algerien nicht nur Kolonie, sondern sogar französisches Département war, also politisch und administrativ vollintegrierter Teil des Staates, wurde das Gesetz des Mutterlandes nicht angewandt.

Karawane im Sandsturm

„Nur mühsam kommen wir vorwärts. Der Sand schmirgelt das Gesicht, er macht uns blind. Die Kamele, die sich nicht wie wir hinter einem Schleier verstecken können, sind noch übler dran. Sie quälen sich vorwärts. Der Wind bläst heftig, fängt sich im Gepäck und erhöht die Widerstandsflächen. Die Piste ist verschwunden, die Dünen von In Ghar dienen uns als Orientierungspunkte."

Am 22. April treffen Pater Vellard und Pater Guérin vier Tuareg, das Vorauskommando einer größeren Karawane. Sie lassen sich zeigen, wie die Tuareg mit ihrem Schwert – Takuba – fechten.

Zwei Tage später trifft die Karawane der Händler ein. Sie haben Schafe, Kamele, Käse dabei. Die beiden Weißen Väter mokieren sich über die ungewaschenen Gestalten in staubigen, zerknautschten Gewändern. Fast zwei Monate sind sie schon unterwegs. Vellard muß zugeben, daß auch sie selbst sich oft über eine Woche nicht rasieren. Wahrscheinlich liegt es nur am fehlenden Spiegel, daß sie sich so viel feiner fühlen.

Über den Handel schreibt André Vellard:

„Einer der Leute von Tit handelt um Käse. Er gibt im Tausch kleine Spiegel, Kämme aus Holz, Kupferarmbänder – Geschenke für die Tuareg-Damen. In einigen Jahren werden sie voll Dreck und Staub hier von Liebhabern gekauft werden, die auf der Suche nach authentischen Tuareg-Objekten sind."

Immer wieder müssen sich die beiden Reisenden an neue Bezeichnungen für Himmelsrichtungen gewöhnen. Es kommt immer darauf an, in welcher Richtung vom Standpunkt des Betrachters aus Mekka liegt.

Die Weißen Väter werden im Lauf der Zeit zu guten Kennern der besonderen Eigenschaften von Kamelen. Einige Werke zu Zucht und Dressur haben sie im Dokumentationszentrum für die Sahara in Ghardaia zusammengetragen.

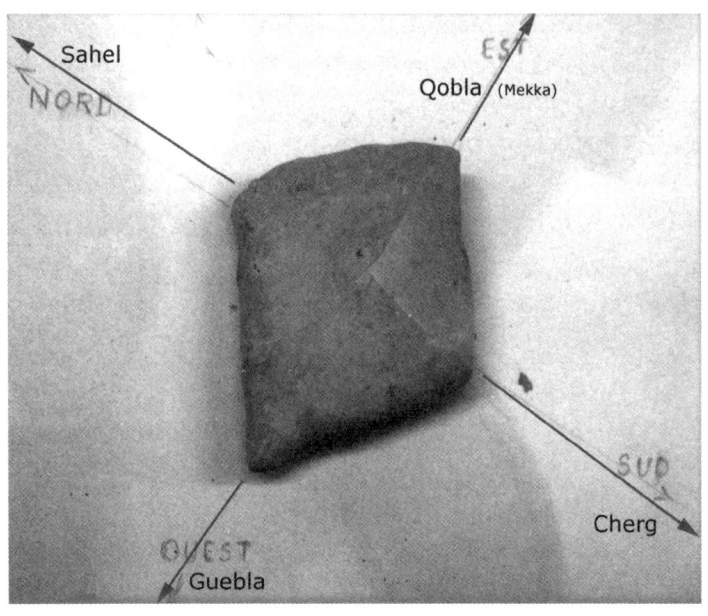

Die Windrose von Akabli

Vellard ergeht es nicht anders als jedem europäischen Touristen, der mit Kamelen durch die Wüste reist. In unserem innigen Verhältnis zu Haustieren erwarten wir eine gewisse Anhänglichkeit, zumindest ein Wiedererkennen, ein wenig Freude. Wir wollen von unseren Tieren geliebt werden. Ein Nomade käme niemals auf diese Idee. Kamele tragen Lasten und Reiter, meist allerdings unter Protest. Sie sind bestechlich. Gibt man ihnen ein Stück Brot, bevor man aufsteigt, hat man bessere Chancen, daß das Ganze ohne Bocken abgeht. Sie wollen nicht schmusen, nicht gestreichelt werden. Menschen sind ihnen lästig.

„Das Kamel ist alles andere als gefügig, ganz im Gegenteil. Es kümmert sich überhaupt nicht um seinen Herrn, es ist ihm völlig gleich, ob er noch auf seinem Rücken sitzt oder nicht. Niemals wird es, wenn es sich wegen einer guten Weide vom Lager entfernt hat, freiwillig wieder die richtige Richtung einschlagen. Es gibt nur einen einzigen Moment, wo ihm sein Herr wieder in den Sinn kommt: Dann, wenn er aufsitzen will. Es richtet seinen kurvigen Hals gegen seinen Herrn, öffnet ein enormes Gebiß und droht zu beißen und läßt ein wütendes Grunzen hören, als ob es sich über eine beispiellose, noch nie dagewesene Grausamkeit beschweren wollte. Kurz, das Kamel ist ein Tier, das man niemals zähmt."

(Palgrave: Une année dans l'Arabie Centrale, zitiert von A. Vellard)

Kamele

Aber ohne Kamel wäre uns die Wüste verschlossen, sagt Pater André Vellard.

„Seine Nüstern, ganz am Ende der Schnauze, verengen sich zu zwei einfachen Schlitzen, die es nach Belieben öffnen und schließen kann (zum Schutz gegen Sand) Sein dicker, weicher Huf mit schwieliger und elastischer Sohle öffnet sich wie ein Fächer und verhindert so, daß es im Sand einsinkt. Sein langer Hals erlaubt ihm, Kräuterbüschel vom Boden zu schnappen, ohne anzuhalten."

Eine Pflanze, auf die ein Kamel tritt, richtet sich unbeschadet wieder auf.

Die edelsten Reitkamele, *Mehari* genannt, haben weißes Fell. Pater André und Bischof Charles Guérin lernen auf ihrer dreimonatigen *Meharée* (Kamelreise) zwangsläufig genau, wie man sie zu behandeln hat.

„Mit zwei Jahren beginnt die Dressur. Zuerst wird die rechte Nüster durchstochen und ein Kupferring durchgezogen. Dann gewöhnt man es daran, einen Sattel zu tragen, zunächst ohne Reiter. Ein Seil wird durch den Nasenring gezogen, es dient dazu, das Kamel zu lenken, es vorwärts, rückwärts, rechts und links gehen zu lassen. Um es in Trab zu bringen, muß die Stimme genügen, oder man reibt mit der Fußsohle leicht das Halsende (Kamele werden barfuß geritten). Um es niederknien zu lassen, schlägt man mehrmals kurz und kräftig mit der Fußsohle auf den Halsansatz und macht: ch ... ch ... ch ... Ein gutes Mehari darf keinen Mucks machen, weder beim Satteln, noch beim Aufsitzen. Das ist wichtig für die Tua-

reg, die ihre Feinde überraschen wollen, ohne gehört und gesehen zu werden."

Der Fotograf und „Typen-Sammler" Vellard hat Glück: Am ersten Mai sind die beiden „Weißen Marabouts" – so werden sie von den Einheimischen mit dem Ausdruck für islamische Heilige und fromme Korangelehrte genannt – zu einem Fest eingeladen.

„Die Damen schmücken sich mit ihren schönsten Reizen. Sie haben ihre flachen und fettigen Zöpfe aufgemacht und jagen ausgiebig nach Insekten, die dort nisten. Ein Kamm geht nur ein oder zwei Mal im Jahr durch dieses Gestrüpp. Um den ganzen Kopf herum legen sie dann viele kleine Zöpfe, die sie in drei Büschel teilen und Ringe aus Zinn oder Porzellan dazwischenflechten. Um das Meisterwerk haltbar zu machen, haben sie es mit einer dicken Schicht ranziger Butter getränkt. Der Sand, der schnell daran klebenbleibt, gibt ihnen den Anschein von Damen mit gepuderten Perücken."

Am Sonntag, den 3. Mai, katalogisiert Pater Vellard wieder einmal Pflanzen. Er schaut sich die Gärten und die Brunnen an. Bei ausreichender Bewässerung wächst in den Oasen alles üppig: Aprikosen, Trauben, Äpfel, sogar Erdbeeren. Als er zurückkommt, fallen ihm ein paar Männer auf, die im Windschatten sitzen. Vor ihnen steht ein elender junger Mann und gestikuliert wie wild. Seine grotesken Verrenkungen amüsieren die Zuschauer. Sie geben ihm ein paar Sous.

Der Narr Gottes

„Die Muslime haben Respekt vor den Verrückten. Sie glauben, sie seien von Djinn, von Geistern besessen. Der Verrückte ist daher ein heiliges Wesen, dem alles erlaubt ist, dem die Häuser offenstehen. Der Kontakt gilt als Segnung."

Oft hört man auch die Erklärung, der Narr sei näher an Gott als die anderen. Das gilt auch für Bettler, denn sie bieten dem Gläubigen die Möglichkeit, eine der fünf Hauptverpflichtungen des Islam einzulösen: Wohltätigkeit durch Almosen zu üben.

Auch wenn das einhöckrige Dromedar, in ganz Nordafrika kurz Kamel genannt, die größte Faszination auf die Beobachter ausübt – so beschäftigen sich die Weißen Väter als gute Buchhalter auch mit der übrigen Fauna der Sahara. Der neugierige Wüstenfuchs, *Fennec,* der nachts um die Zelte und Schlafstellen schleicht, läßt sich sogar zähmen.

Weniger geeignet als Fotoobjekt ist die Wüstenmaus, die aussieht wie ein gelber Tennisball. Skorpione und Schlangen, die nur in der heißen Zeit herauskommen, hinterlassen häufig nur ihre Spuren im Sand. Die Kunsthandwerker der Sahara haben sie in ihren Motiven verewigt.

Die Gazelle und das Mufflon liefern neben den Kamelen das beste Fleisch. Das Mufflon, ein großes Wildschaf, ist sagenumwoben und schwer zu jagen. Findet ein Tuareg auch nur ein paar Köttel von so einem Tier, bekommt er leuchtende Augen, wird von Jagdfieber gepackt, und wenn er schon nicht gleich losziehen kann, wird er die ganze Nacht am Feuer von seinen Heldentaten erzählen.

„Ich habe das Mufflon gesehen" ist in etwa gleichbedeutend mit einem Satz wie „Ich habe einen Grizzly erlegt."

Zu all diesen Tieren gehören mündlich überlieferte Legenden, die von den Weißen Vätern aufgeschrieben werden. So ist die Schlange ein hochverehrtes Tier, weil sie allein Himmel und Erde verbinden kann. Das ändert nichts daran, daß ein Tuareg jede Schlange auf seinem Weg sofort totschlägt, denn sie könnte sein Kind töten.

Eine besondere Verbindung zwischen Himmel und Wüste schafft auch die Giraffe, die nur noch in den Höhlenzeichnungen aus anderen klimatischen Epochen der Sahara existiert.

Die Giraffe

Vor langer Zeit, als das Meer den Boden bedeckte, war die Sonne so stark, daß sie Felsen und eine Düne freilegte. Die Düne war so glücklich, jeden Tag von der Sonne gewärmt zu werden, daß sie sich in die Sonne verliebte. Jeden Morgen bei Sonnenaufgang ließ sie sich verwöhnen und drehte sich hin und her. Sie war traurig und weinte jeden Abend bei Sonnenuntergang. Sie flehte sie an zu bleiben. Einmal versuchte sie sogar, sie zurückzuhalten, doch es war unmöglich. Aber die Liebe war so groß, daß ein Abkommen geschlossen wurde. Es wurde ein sehr schönes Kind, das beide liebten. Eines Tages wollte die Sonne es mit sich nehmen. Die Düne wollte sich nicht trennen und hielt es mit allen Kräften fest. Aber die Sonne zog und zog. So wurde der Hals der Giraffe geschaffen.

Waran, Dobb, Rabe und Stachelschwein

Früher waren der Waran, der Dobb, der Rabe und das Stachelschwein Menschen. Sie reisten zusammen durch die Sahara. Der Waran hatte ein Seil dabei, mit dem man den Kamelen die Beine zusammenbindet, der Dobb eine Sichel, der Rabe einen Topf und das Stachelschwein ein Kissen. Sie entdeckten eine große Kamelstute, und sofort kam ihnen in den Sinn, sie zu melken und ihre Milch zu trinken. Gesagt, getan. Da es eine fette Kamelstute war, schächteten sie das Tier, kochten es, aßen und waren gesättigt. Allah beschloß, sie dafür zu bestrafen.

Zum Waran, der ein Tuareg war, sagte er: „Weil du ein Seil mitgebracht hast, wirst du in Zukunft selbst wie ein Seil aussehen." Zum Dobb sprach er: „Weil du eine Sichel bei dir trägst, werden dein Körper und dein Schwanz gezackt sein wie die Zähne deiner Sichel."

Er wandte sich an den Raben, der ein Schwarzer war: „Du wirst so schwarz wie dein Topf, und du, Stachelschwein, wirst ab jetzt ein Kissen voller Dornen auf dem Rücken tragen." Und so geschah es. Das war, bevor Allah das Gesicht der Welt schuf, wie wir es kennen.

Am Samstag, den 23. Mai 1903, ist Pater Vellard wieder einmal vom Schauspiel der Dünen-Landschaft begeistert. Wenn er wüßte, daß man eines Tages sogar in Farbe fotografieren wird ...

„Rechts von uns erhebt sich die imposante Masse des Großen Erg, dessen Färbungen je nach Sonnenstand wechseln: Nachts ist der Sand von einem bleichen Weiß, zu Beginn der Morgendämmerung wird er rot-violett und

Postkutsche, 1903

geht durch verschiedene Zwischentöne, bis das Tagesgestirn mit seinen heißen Strahlen die letzten Flecken von Rosa herausgesaugt hat und dem Ganzen diese spezielle Färbung gibt – Gelb und Weiß –, die kein Maler schafft, in seinen Bildern zu reproduzieren."

Sonntag, den 28. Juni, verkaufen die beiden Reisenden eines ihrer Kamele. Pater Vellard ist hochzufrieden, daß er für Sinaoun einen Verkaufspreis aushandeln kann, der nur 24 Francs unter dem Einkaufspreis liegt, obwohl man den Tieren die anstrengende Reise ansieht.

Die letzte Strecke von Laghouat nach Ghardaia legen sie in der Kutsche zurück. Ihre Karawane wird ihnen folgen. In Tilghemt steigen sie um 2 Uhr mittags in die „höllische Postkutsche" ein, die von der Sonne überhitzt ist. Sie holpert und stolpert voran, bis die beiden Weißen Väter um 1 Uhr nachts Berriane erreichen, den ersten Ort des M'zab-Tales. Um 6 Uhr morgens – der Kutscher ist längst eingeschlafen, die Pferde trotten dösend dahin – sehen sie die Minarette der großen Moscheen von Ghardaia, Melika, Bou Noura und Beni Isguen.

Sie sind wieder zu Hause in ihrer Gemeinschaft angekommen, die Brüder laufen ihnen entgegen. In viereinhalb Monaten haben sie 3500 Kilometer zurückgelegt. Und wertvolle Informationen über Land und Leute gesammelt.

Pater Vellard schließt seinen Bericht mit den Worten:

„Dort leben 60.000 Seelen, die es verdient haben, daß ein Missionar sich um sie kümmert. Die Natur hat diese Landstriche nicht verwöhnt. Wir glaubten die Worte des Propheten Jesaja zu hören: „Diese ganze Erde ist nur Einsamkeit." Die Elemente scheinen sich gegen den Menschen verschworen zu haben. Die Erde ist nicht sehr fruchtbar, und die Hitze erdrückend. Das Leben ist hart, und die Armut fast allgemein verbreitet.

Ganz gleich welcher Herkunft oder Hautfarbe sie sind, die Menschen, die in den Sahara-Regionen leben, trinken nicht am Busen der Glückseligkeit. Ein Grund mehr, an ihrer menschlichen Fortentwicklung zur arbeiten."

Letztendlich sind in der Folge der Karawane der Weißen Väter im Jahr 1903 Gemeinschaften in Timimoun, El Goléa, Adrar und El Bayadh entstanden.

(Quelle: André Vellard, Aux Oasis Sahariennes, hrsg. von Centre de Documentation Saharienne, Ghardaia)

Der kleine Bruder Jesu

Im Jahr 2005 ist ...

... Charles de Foucauld (1858 Straßburg – 1916 Tamanrasset) seliggesprochen worden. De Foucauld war kein Weißer Vater, aber er ist die wichtigste historische Persönlichkeit in der Geschichte der Christen in der Sahara. Er stand in enger Verbindung zu den Weißen Vätern und Schwestern. Als de Foucauld 1901 in Algier an Land geht, wird er von dem Weißen Vater und Bischof der Sahara-Diözese Charles Guérin in Empfang genommen. Er hat die Erlaubnis der Diözese Viviers, sich als freier Priester in Nordafrika niederzulassen. In Beni Abbès, nahe der marokkanischen Grenze, wird er in einem einfachen Gebäude – Kapelle, drei Zellen, eine Gästekammer – leben. Bruder Charles, wie er genannt wird, stammt aus einer wohlhabenden, adeligen Familie. War Offizier, Lebemann, von vielen Krisen geschüttelt, bis ihn ein Abbé in Paris wieder an den verlorenen Glauben heranführte.

1883 hatte de Foucauld eine elfmonatige Forschungsreise durch Marokko unternommen und dafür die Goldmedaille der Geographischen Gesellschaft in Paris erhalten. Er pilgerte ins Heilige Land nach Nazareth und trat danach in ein Trappisten-Kloster ein, erst in Frankreich, dann in Syrien. Später lebte er als Hausbursche bei den Klarissen in Nazareth.

Sein Traum ist es, eine eigene Kongregation zu gründen, die arm lebt wie Jesus in Nazareth. Am liebsten würde er es in Marokko versuchen, aber da verwehren die Behörden die Einreise.

Eine *Zauja* will er gründen. Das sind kleine Zentren der Gastfreundschaft unter Leitung moslemischer Bruderschaften, wo Arme, Verfolgte, auch Feinde Aufnahme finden. Eine Art Kloster soll es werden, wo jeder, der vorbeikommt, eingelassen wird. Durch die Gastfreundschaft soll er das Christentum kennenlernen. In Beni Abbès beginnt de Foucauld den Kampf gegen die Sklaverei, die zwar verboten ist, aber im Süden noch geduldet wird. So weit er kann, kauft er selbst Sklaven frei.

Er äußert sich auch politisch zur Rolle der französischen Regierung:

„*Wehe euch, ihr Heuchler! Die ihr auf Briefmarken und überall sonstwo die Worte Freiheit, Gleichheit, Brüderlichkeit, Menschenrechte druckt und den Sklaven Fesseln schmiedet; die ihr zu den Galeeren verurteilt, wer eure Banknoten fälscht, aber erlaubt, den Eltern ihre Kinder zu stehlen und sie öffentlich zu verkaufen; die ihr den Diebstahl eines Huhns bestraft, den eines Menschen jedoch gestattet.*"
(Zitiert nach Jean-Francois Six, „Charles de Foucauld – Der kleine Bruder Jesu", 2005, S.62–63)

De Foucauld würde gerne noch aktiver eine politische Kampagne in Frankreich starten, aber der Generalobere der Weißen Väter bremst ihn.

Drei Jahre später haben seine Aktivitäten Erfolg: Der Verwaltungsrat der Oasen verbietet die Sklaverei auch in der Sahara endgültig.

Charles de Foucauld, rechts als Offizier

Bruder Charles' „Besuchszentrum" ist ein voller Erfolg, er hat 60 bis 100 Besucher am Tag. Kinder, Reisende, Sklaven, Bettler, arme Soldaten. Er verteilt Almosen und Medikamente.

De Foucauld versteht sich gut mit Soldaten und Offizieren, er war schließlich jahrelang selbst einer von ihnen. Er sieht in der Armee so etwas wie die Vorhut, einen Wegbereiter des christlichen Glaubens. Außerdem will er, daß die Armee die armen Bauern vor Plünderungen durchziehender Banden beschützt.

Bis heute wird ihm vorgeworfen, er habe für die Franzosen spioniert. Das kommt vermutlich auf den Standpunkt an. Aus algerischer Sicht kann man das so nennen, aus der Sicht der Franzosen und de Foucaulds hat er seinen Freunden bei der Armee Informationen gegeben, die er für wichtig hielt im Sinne der einheimischen Bevölkerung.

1904 zieht es Bruder Charles nach Tamanrasset, er will sich mit der Kultur der Tuareg befassen. Innerhalb eines Jahres bereits hat er die vier Evangelien in die Sprache der Tuareg, Tamaschek, übersetzt. Er wird das erste Wörterbuch Französisch-Tamaschek verfassen. Die ersten Ausgaben stehen heute im Centre de Documentation Saharienne bei den Weißen Vätern in Ghardaia. Wer ihn traf, war von Charles de Foucauld fasziniert: Von seinen eindringlichen Augen, seiner Entschlossenheit und Konsequenz, von seiner Freundlichkeit und Milde gegenüber anderen.

Neben der Arbeit an dem Wörterbuch sammelt Bruder Charles auch über 6000 Verse der nur mündlich überlieferten Tuareg-Poesie.

Zur Hochzeit

„Wir gehören Gott, keine Kraft, keine Seelenregung, wenn nicht durch Gott.
Laßt uns bis zu siebenmal den Namen Gottes aussprechen.
Der Name Gottes, er ist vor ihr (der Braut),
Sie, die wie Gold ist, mein Gold.
Meine Tochter, sie ist schön wie Gold.
So viel Reichtum ist in ihr, daß ich davon noch meinen Verwandten abgeben kann.
Einer von diesen Verwandten hat meine Tochter (zur Frau) genommen.
Er hat sie auf ein Kamel gesetzt.

Mädchen ihrer Art sind voller Liebreiz, sie sind Kinder von Frauen, die das Schicksal begünstigt hat.
Sie sind es gewohnt, daß ihre Wünsche erfüllt werden, schlechte Kamele verschmähen sie, nur Tiere von Rasse akzeptieren sie als taggalt *(Brautpreis)."*

Die Pläne, eine Kongregation zu gründen, lassen sich nicht verwirklichen. Niemand will Charles de Foucauld folgen. 1910 läßt er sich eine Klause auf dem 2700 Meter hohen Assekrem bauen mit Rundblick ins Hoggar-Gebirge.

Der kleine Bruder Jesu

„Die Aussicht ist schöner, als man beschreiben oder sich ausmalen kann … nichts kann den Anblick wiedergeben von dem Wald von Spitzen und Felsnadeln, der einem da zu Füßen liegt. – Wunderbar."

1914 greifen Spannungen in Libyen auch auf den Hoggar über. Die Lage wird immer unsicherer. De Foucauld hatte für sich, aber vor allem für seine Freunde unter den armen Bauern ein kleines Fort als Schutzburg bauen lassen. Dort wird er am 1. Dezember 1916 erschossen. Durch Verrat, durch einen dummen Zufall, durch Nervosität – das kann nicht geklärt werden. Posthum hatte de Foucaulds Gedanke einer eigenen Gründung doch noch Erfolg: 1933 gründete René Voillaume die „Kleinen Brüder Jesu", und 1939 gründete Magdeleine Hutin die „Kleinen Schwestern Jesu" in der Sahara. Sie entwickelten eine Form des Ordenslebens in der Welt der Nomaden und der Arbeiter. Oft in nächster Nachbarschaft zu den Weißen Vätern. In Tamanrasset sind auch heute noch die Kleinen Brüder und Schwestern aktiv. Der Assekrem ist längst zu einem internationalen Reiseziel für Touristen und Pilger geworden. Die Brüder versorgen und betreuen die Klause und die Kapelle von de Foucauld.

    Charles de Foucauld sollte von Papst Johannes Paul II. im Frühjahr 2005 seliggesprochen werden. Durch den Tod des Papstes verschob sich der Termin. Papst Benedikt XVI. nahm die Seligsprechung schließlich im November vor. Charles de Foucauld habe in seinem entbehrungsreichen Leben mit den Tuareg die „universelle Brüderlichkeit" gelebt, heißt es in der Begründung.

Kirche St. Joseph und Grab de Foucaulds

Sein Grab liegt vor der Kirche St. Joseph in El Goléa, einer der wenigen Kirchen in Algerien, die noch für Gottesdienste genutzt werden.

Gambas oder Zitronensaft – Schwester Teresa und Marcella

Als ich Schwester …

… Teresa auf spanisch, ihrer Muttersprache, begrüße, sagt sie mir sofort, was sie in der Sahara am meisten vermißt: Gambas. Meeresfrüchte aller Art. Drei bis vier Weiße Schwestern leben noch in der Gemeinschaft von El Goléa. Ihr bunter Blumengarten ist eine wahre Oase in einer sandigen, staubigen, verschlossenen Stadt. Die Gäste schwärmen vom selbstgepreßten Zitronensaft.

Schwestern in der Wüste

Teppichweberei der Weißen Schwestern

Schwester Marcella leitet seit Menschengedenken ein Lehratelier fürs Schneiderhandwerk. Geübt wird an Babykleidern, die nicht viel Material kosten und für die jeder hier Verwendung hat. Früher sorgten die Weißen Schwestern dafür, daß die Mädchen von El Goléa die alten Sticktraditionen der Region weiterführten. Aber das funktioniert nicht mehr. Teilweise durch eine weitverbreitete Krankheit bedingt, sehen die Mädchen immer schlechter. Aber sie weigern sich, eine Brille zu tragen. Und die Mütter unterstützen sie dabei noch. Wer eine Brille trägt, hat schlechtere Heiratschancen.

„In den letzten Jahren haben wir vor allem Ältere genommen", erklärt Schwester Marcella. „Frauen zwischen 24 und 36, die nicht verheiratet sind und deswegen zu Hause in die Ecke gedrängt werden. Wenn sie

Teppichweberei der Weißen Schwestern

Weiße Schwestern und eine Novizin

bei uns nähen, dürfen sie das Haus verlassen, sie dürfen etwas lernen, sie können mit den Kleidern etwas eigenes Geld verdienen, und das bringt ihnen endlich ein bißchen Respekt."

Die Ateliers der Schwestern sind häufig der einzige Ort, wohin ein muslimisches Mädchen ohne männliche Begleitung gehen darf. Flucht- und Schutzraum, ohne Familie, ohne Aufpasser, ohne Haushalt.

Die Weißen Schwestern

Gegründet wurde ...

... der weibliche Zweig der Afrikamissionare 1869, ein Jahr nach dem Orden der Weißen Väter, unter dem Namen „Missionsschwestern unserer Lieben Frau von Afrika". Über tausend Weiße Schwestern arbeiten heute in 16 Ländern Afrikas. In der muslimischen Welt haben sie einen Vorteil gegenüber den Brüdern und Vätern: Als Frauen haben sie Zutritt zu den Familien, auch wenn alle Männer außer Haus sind.

Missionsschwester

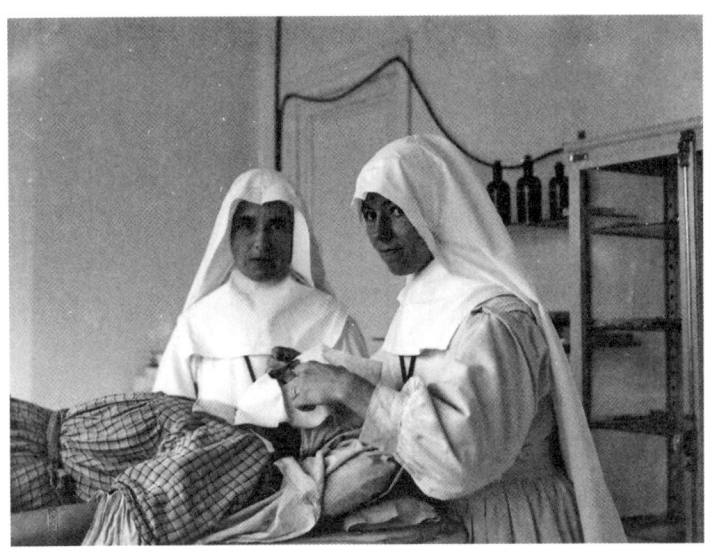

Eine Ambulanz für die Einheimischen

*Weiße Schwestern in den Zelten der Nomaden.
Manche Schwestern sind jahrelang in der Wüste unterwegs*

Erstkommunion bei französischen Kindern

Pfadfinder und Erstkommunionkinder

Die Weißen Schwestern richten Krankenstationen ein, Haushaltsschulen und Handarbeitsateliers.

Heute haben die Weißen Schwestern ein Nachwuchsproblem. In der Sahara gibt es noch kleine Gemeinschaften in El Goléa, in Ghardaia und in Timimoun, im Norden noch in Algier und in Oran. Alle anderen Stationen sind aufgelöst. 1945 arbeiteten in Algerien 127 Weiße Schwestern, die meisten lebten in einem der 26 Häuser der Schwesterngemeinschaft. Andere Schwestern zogen zu den Nomaden in die Wüste. Lebten in Zelten mit ihnen oder ritten auf Kamelen von Lager zu Lager, um die Menschen medizinisch zu betreuen. Einige waren als Hebammen unterwegs.

In El Bayadh, damals Géryville, wurde das Haus der Schwestern von deutschen Kriegsgefangenen gebaut.

Sie waren in französische Gefangenschaft geraten und ins Lager im französischen Département Algerien deportiert worden. Besonders gefordert wurden die Weißen Schwestern während der Hungersnot unter den Nomaden in den Jahren 1945–1947. Mehrere Jahre Trockenheit hatten Schafe und Kamele wegsterben lassen. Zum Hunger kamen Sumpffieber und Typhus. Die Schwestern unterhielten Volksküchen, in Djelfa zum Beispiel gaben sie täglich 12.000 Menschen etwas zu essen. 30.000 Menschen starben in dieser Zeit, auch vier Weiße Schwestern. Zusammen mit den Weißen Vätern gründeten die Schwestern die „Muslimischen Pfadfinder und Pfadfinderinnen". Gemeinsam reisten sie zu Ferienlagern und führten Sportveranstaltungen durch.

Die Bau-Brüder –
Kirchen in der Sahara

Die beiden Sahara-Reisenden ...

... Pater André Vellard und Bischof Guérin berichten über die Pfarrkirchen von Ain Sefra und von El Bayadh, das die Franzosen Géryville nennen. In dieser Stadt wird im Jahr 1903 eine neue große Kirche fertiggestellt, „26 Meter hoch wird der Turm bis zur Spitze des Kreuzes sein und das ganze Tal beherrschen." Die Katholiken von Géryville hatten einen Abgeordneten erpreßt, der sich zur Wiederwahl stellte: ihre Stimmen gegen das

Maurischer Stil

Kirche von Laghouat

Geld für ein neues Gotteshaus. Und so geschah es. In Laghouat war ein Jahr zuvor die neue Kirche fertig geworden.

Vellard ist begeistert vom maurischen Stil, von Kuppeln und Bogenfenstern.

„Die perfekte Adaptation von arabischer Baukunst und christlichem Kultus. Eine der schönsten Kirchen Algeriens, am schönsten Platz der Stadt, deren gigantische Palmen den Glanz und den Charme noch erhöhen."

In El Goléa wird in den 30er Jahren ein vergleichbares Bauwerk entstehen: St. Joseph vor den Toren der Stadt, inmitten einer Gartensiedlung, die von der französischen Kolonialverwaltung für die unehelichen Kinder ihrer Soldaten angelegt worden war.

Die beiden Schweizer Josef Epp und Jacques Breu, genannt Magnus, gehen als die „Bau-Brüder" in die Geschichte der Weißen Väter in Algerien ein.

St. Joseph, eine der beiden noch erhaltenen Kirchen in der Sahara

Minarett und Kirchturm von Ouargla

Kirche von Adrar

Kirche von Figuig

Kirche von Timimoun

St. Joseph heute

Josef Epp, rechts, in vollem Ornat

Mit Br. Breu vor seinem Lastwagen

Die „Bau-Brüder" sind bald ein berühmtes Paar in der Sahara. Sie können alles: Pläne zeichnen, Mauern ziehen, Gewölbe schaffen, Dächer decken. 1953 bekommen sie einen kleinen LKW und rattern von Baustelle zu Baustelle. Sie errichten Häuser für die Gemeinschaften der Weißen Väter, Schulen, Kirchen.

In der Fotothek der Weißen Väter in Ghardaia findet sich die komplette Dokumentation der Erbauung von Notre Dame du Sahara, der Kirche Unserer Lieben Frau der Sahara in Colomb-Béchar zwischen 1952 und 1955. Der Kleinlaster kam zur rechten Zeit und erleichterte die Bauarbeiten ungemein, der Chronist ist begeistert.

„Die neue Kirche sollte für das Land und ihre Zeit stehen: nordafrikanische Architektur, mit der maghrebinischen Kuppel, durch moderne Technik in Kettengewölbe verwandelt, und mit Berber-Ornamenten geschmückt, die das Motiv des Dreiecks in vielfältigen Kombinationen wiederholen."

„Das kleine Modell war handlich, hatte Charme, wie eine Puppe, die ein kleines Mädchen hin und her dreht, weil es herausfinden möchte, welches Kleid ihm am besten stehen würde. Ah! Dieses große Tor, das die frohe Botschaft Christi wiederholen sollte – was für ein Problem, den richtigen Rahmen zu finden!" „Das muß wie eine Explosion sein!" sagte Monsignore immer wieder. „Im März 1952 weiht Monsignore den Grundstein, einen schönen Block aus Kalkstein, den Bruder Josef selbst bearbeitet hatte, manchmal auch mit der zärtlichen Geste des Bildhauers, der das rauhe Weiß des Materials mit den Händen ertastet."

„Der kleine Lastwagen von Bruder Magnus holte Kiesel im Oued Tikhaliin, um die Löcher zu füllen, und die Arbeiter von Bruder Josef verwandelten sie in soliden Beton."

Bruder Josef erfand ein etwas primitives Gerüst für die einheimischen Maurer, die wenig Freude am Risiko haben. „‚Schau, das ist ganz fest‘, rief Bruder Josef und tanzte darauf herum. ‚Ja‘, antwortete der Maurer unten, unbeweglich, ‚aber …‘"

„Bruder Josef brauchte seine ganze Energie und einige gute Beefsteaks, um sich von einem elektrischen Schlag zu erholen, der etwas zu lange gedauert hatte. Wenn er zu erschöpft war, ging er sich hinlegen, er sah düster aus und ging gebückt, aber er kam schnell wieder auf seine Baustelle zurück. ‚Wenn die Arbeiter allein sind, bin ich unruhig, ich kann mich nicht ausruhen‘, sagte er, ‚schon wenn ich daran denke, was ich alles tun muß, ermüdet mich das mehr als die Arbeit.‘"

Der Schlußstein wird gesetzt, 38 Meter über dem Erdboden, darüber wird sich eine Spitze von 6 Metern erheben, die in einem Kreuz endet. Jetzt beginnen die Probleme mit der Inneneinrichtung. Bänke, Fenster, Altar, Kreuzweg, Beichtstühle. Wie viele Vorschläge, welch heftige Diskussionen. Und plötzlich springt der ehrwürdige Vater General-Ökonom auf und ruft: „Das reicht. Wo soll ich das Geld finden?"

Josef Epp stammte aus Steinen im Kanton Schwyz, nur wenige Kilometer vom Vierwaldstätter See entfernt gelegen. Hier verbrachte er auch die letzten Jahre seines Lebens, in seinem Geburtshaus. Das Haus, erbaut 1766, wird mittlerweile von Josefs Neffen mit Frau und fünf Kindern bewohnt.

Notre Dame du Sahara

Bruder Josef Epp mit seinen Arbeitern

„Onkel Josef war ein guter Erzähler", erinnert sich Neffe Pius Epp. „Wenn er aus Algerien zu uns in die Ferien kam, hörten wir gebannt zu." Der Bau-Bruder Josef hat die Jungen beeindruckt. Pius Epp ging für die Diözese lange nach Papua-Neuguinea. Seine Brüder arbeiteten in Ghana, Indonesien und Ruanda.

Auf dem Friedhof von Steinen hat Josef Epp noch zu Lebzeiten seine Spuren hinterlassen: Für seine totgeborene Nichte Serafina gestaltete er den Grabstein.

Auf seinem eigenen prangt eine Palme – als Erinnerung an die Zeiten in der Wüste. Josef Epp wurde 1999 in seinem Heimatort Steinen beigesetzt. Sein Neffe und die ehemaligen Hausgenossen in Ghardaia sind sich in einem einig: Pater Josef mußte immer was zu tun haben. Es gibt niemanden, der keinen Wüstenstein von ihm bekommen hätte: In zwei Hälften geschnitten, an den Schnittstellen blankpoliert, als Briefbeschwerer zu gebrauchen. „Wissen Sie, was das für einen Lärm macht, wenn einer stundenlang Steine zertrümmert und die Poliermaschine laufen läßt?" fragt mich ein einstiger Mitbewohner.

Am wohlsten fühlte sich Josef Epp wahrscheinlich auf seinen Baustellen. Und wenn es Ärger gab, so erzählt uns ein ehemaliger Mitbruder, führte Epp Zaubertricks vor und brachte damit alle zum Lachen.

Niemand weiß, was in ihm vorging, als er plötzlich einreißen sollte, was er aufgebaut hatte: 1976 wurden alle Schulen der Weißen Väter vom algerischen Staat verstaatlicht oder geschlossen. Der Orden beschloß, der jungen arabisch-islamisch orientierten Volksrepublik kein Zeichen des Ärgernisses zu geben. Im übrigen

Notre Dame du Sahara

Bruder Josef Epp mit seinen Arbeitern

„Onkel Josef war ein guter Erzähler", erinnert sich Neffe Pius Epp. „Wenn er aus Algerien zu uns in die Ferien kam, hörten wir gebannt zu." Der Bau-Bruder Josef hat die Jungen beeindruckt. Pius Epp ging für die Diözese lange nach Papua-Neuguinea. Seine Brüder arbeiteten in Ghana, Indonesien und Ruanda.

Auf dem Friedhof von Steinen hat Josef Epp noch zu Lebzeiten seine Spuren hinterlassen: Für seine totgeborene Nichte Serafina gestaltete er den Grabstein.

Auf seinem eigenen prangt eine Palme – als Erinnerung an die Zeiten in der Wüste. Josef Epp wurde 1999 in seinem Heimatort Steinen beigesetzt. Sein Neffe und die ehemaligen Hausgenossen in Ghardaia sind sich in einem einig: Pater Josef mußte immer was zu tun haben. Es gibt niemanden, der keinen Wüstenstein von ihm bekommen hätte: In zwei Hälften geschnitten, an den Schnittstellen blankpoliert, als Briefbeschwerer zu gebrauchen. „Wissen Sie, was das für einen Lärm macht, wenn einer stundenlang Steine zertrümmert und die Poliermaschine laufen läßt?" fragt mich ein einstiger Mitbewohner.

Am wohlsten fühlte sich Josef Epp wahrscheinlich auf seinen Baustellen. Und wenn es Ärger gab, so erzählt uns ein ehemaliger Mitbruder, führte Epp Zaubertricks vor und brachte damit alle zum Lachen.

Niemand weiß, was in ihm vorging, als er plötzlich einreißen sollte, was er aufgebaut hatte: 1976 wurden alle Schulen der Weißen Väter vom algerischen Staat verstaatlicht oder geschlossen. Der Orden beschloß, der jungen arabisch-islamisch orientierten Volksrepublik kein Zeichen des Ärgernisses zu geben. Im übrigen

Bruder Josef mit seinem Vater, 1957

waren seit der Unabhängigkeit 1962 und der Rückkehr der Kolonisten nach Frankreich kaum noch Christen im Land. Mit wenigen Ausnahmen wurden alle Kreuze auf den Kirchtürmen zerstört.

Der 2004 verstorbene Bischof der Diözese Laghouat, Michel Gagnon, hat das miterlebt. „Das war gar nicht so einfach", erzählt er uns bei einem Abendessen, „denn Josef hat für die Ewigkeit gebaut. Seine Kreuze waren so gut wie unverwüstlich. Für das Kreuz von Béchar mußte ein 10-Kilo-Hammer besorgt werden, um es in Stücke zu schlagen."

Auch das war die Aufgabe von Pater Josef Epp. Ein Schicksal, das an das Buch Kohelet erinnert: „Es ist eine Zeit zu bauen, und eine Zeit einzureißen."

Brüder der Wüste –
Christen für Muslime

Nirgendwo habe ich ...

... den Sinn der Anwesenheit der Weißen Väter und Schwestern in der Sahara Algeriens besser zusammengefaßt gefunden als in einem Satz des Erzbischofs von Algier, Mgr. Henri Teissier:

*„Zusammenleben heißt erst mal
Vertrautes wahrnehmen*

*Zusammenbleiben heißt allmählich
Unterschiede entdecken*

*Den Bruder lieben heißt zusammenbleiben
in der Verschiedenheit."*